VINCENT GUTTMANN

Expert en marketing digital et passionné par la compréhension des dynamiques humaines, Vincent Guttmann s'aventure dans ce livre dans un domaine qui dépasse son cadre professionnel.

Ni philosophe, ni écrivain de métier, il partage, à travers ce premier ouvrage, une quête personnelle et universelle qui vise l'émancipation face aux systèmes qui façonnent nos vies.

Grâce à une approche alliant réflexion, vécu personnel et analyse, il propose de questionner les normes qui nous entourent pour mieux redécouvrir notre singularité.

Ce regard, loin d'être technique ou spécialisé, permet à de nombreux lecteurs de se reconnaître dans ces perspectives et interrogations sur notre rapport au monde.

DU SYSTÈME
VERS L'INDIVIDU

© 2025 Vincent Guttmann
Édition : BoD · Books on Demand, 31 avenue Saint-Rémy, 57600 Forbach, bod@bod.fr
Impression : Libri Plureos GmbH, Friedensallee 273, 22763 Hamburg (Allemagne)
ISBN : 978-2-3225-5066-1
Dépôt légal : Janvier 2025

Vers une civilisation qui libère l'humain

Préambule

L'être humain a élaboré des systèmes tels que les institutions éducatives, familiales, économiques ou culturelles afin d'instaurer un ordre commun et de garantir une coexistence harmonieuse entre les individus. Ces cadres, en façonnant les interactions sociales, influencent inévitablement notre vie et orientent subtilement son déroulement.

Paradoxalement, en nous conformant aux normes et règles que nous avons nous-mêmes établies, nous en devenons peu à peu les serviteurs, limitant notre liberté et notre capacité à penser ou agir autrement.

Comme l'illustre l'image en couverture, l'humain peut être perçu comme une pièce de puzzle. Assignée à une place prédéterminée, son identité est alors modelée pour correspondre à des contours définis, sacrifiant ainsi sa singularité pour s'imbriquer dans une image collective.

Très tôt, ce cloisonnement de notre individualité s'immisce et propage continuellement des attentes implicites mais puissantes. Transmises d'abord par nos parents, renforcées par nos enseignants, puis étendues par nos employeurs et présentes jusque dans nos relations humaines, ces injonctions imprègnent chaque étape de notre parcours.

Tandis que l'éducation nous prépare à devenir des rouages d'une machine économique, le travail en prolonge la logique, nous confinant dans des objectifs de performance souvent éloignés de nos aspirations. Même nos relations les plus intimes, imprégnées par des mœurs, sont conditionnées à suivre des trajectoires imposées par ces contraintes omniprésentes. Cette emprise ne se limite pas aux directives extérieures, puisque nos pensées, nos émotions et même notre silhouette en gardent les marques.

Alors qu'on nous apprend à maîtriser nos sentiments et réflexions pour répondre à des besoins de rationalité, notre apparence, elle, est jugée selon des critères stricts de beauté.

Parallèlement, nous évaluons notre propre valeur selon ces standards externes, négligeant de nous interroger sur ce que nous désirons réellement ou sur les répercussions de cette quête incessante d'un idéal sur notre bien-être. Ainsi, nous nous efforçons souvent de les satisfaire, sans jamais vraiment les remettre en question, laissant peu de place à une véritable exploration et introspection cognitive.

À travers ces pages, je vous invite à découvrir les multiples tensions que les systèmes exercent sur notre individualité, tout en réfléchissant aux moyens de naviguer entre elles pour aspirer à un épanouissement plus personnel et authentique.

Dans la première partie, nous examinerons comment ces structures orientent habilement nos pensées, nos ambitions et nos relations, tout en restreignant souvent notre créativité, notre potentiel, notre liberté et notre prospérité. Cette analyse nous conduira à approfondir l'impact des normes institutionnelles sur des aspects essentiels de notre vie, tels que l'amour, le bonheur et notre rapport au corps.

En revisitant les valeurs que nous suivons et en dévoilant les illusions de réussite sociale, nous chercherons à mieux comprendre comment ces autorités affectent nos désirs.

L'objectif sera d'ouvrir la voie à un alignement plus sincère, à la fois enraciné dans l'instant présent et apparié avec nos dimensions émotionnelles et rationnelles.

Dans la seconde partie, nous aborderons des opportunités concrètes pour regagner une part de liberté face à ces mécanismes oppressifs.

L'acte d'entreprendre y sera présenté comme un levier puissant pour reprendre le contrôle de sa trajectoire et redéfinir ses priorités. Cette quête d'émancipation par l'entrepreneuriat, bien qu'ancrée dans l'expérience individuelle, peut également initier des transformations collectives majeures.

Enfin, nous réfléchirons à la manière dont l'innovation et les technologies peuvent non seulement recentrer nos vies sur l'humain et ses besoins fondamentaux, mais aussi permettre la création de nouveaux systèmes, conçus sur mesure pour répondre aux aspirations individuelles. Nous verrons comment ces avancées peuvent redéfinir nos structures actuelles, les rendant plus flexibles, inclusives et alignées avec les spécificités de chacun, tout en ouvrant la voie à des modes de vie plus équilibrés et enrichissants.

Au fil de cette ouvrage, vous découvrirez des réflexions philosophiques, des exemples concrets, des solutions applicables, et des expériences personnelles qui, je l'espère, résonneront avec votre propre vécu.

Ce livre n'a pas la prétention de fournir des réponses définitives. Chaque individu étant unique, il n'existe pas de solution universelle. Mon intention est de vous amener à redécouvrir les systèmes sous un nouvel angle, avec une conscience renouvelée de votre potentiel, tout en prenant la mesure de leurs effets et de leurs limites.

En espérant avoir éveillé votre curiosité, je vous souhaite un bon voyage de votre individualité au travers de nos systèmes.

Un regard intérieur pour éclairer le voyage

Avant-propos

Avant de survoler nos différents systèmes pour redescendre au cœur de notre individualité, il me semble essentiel de vous présenter brièvement votre pilote.

Bien que j'aie tenté d'adopter une approche aussi ouverte et objective que possible, il m'est impossible de me substituer à chaque perspective individuelle. Ainsi, les pages qui suivent reflètent une part inévitable de ma vision personnelle.

Élevé dans un cocon bienveillant et relativement aisé, entouré de proches aimants, mon parcours s'est construit autour d'un sentier que l'on peut qualifier de traditionnel, passant par l'école, le gymnase, puis l'université, pour finalement rejoindre le monde du travail, diplômes en poche.

Pourtant, ce chemin, censé garantir bien-être et réussite professionnelle, m'a souvent paru contraignant et en décalage avec mes convictions et ma vision personnelle.

Dès l'enfance, j'ai ressenti une première tension entre mon besoin de créativité et la manière dont les institutions éducatives cherchaient à l'éteindre, car jugé non conforme aux normes établies.

En grandissant, ce tiraillement ne s'est pas seulement intensifié, il s'est diffusé, affectant de nombreux autres aspects de ma vie. Plus j'avançais, plus je prenais conscience de l'ascendant des systèmes sur ma curiosité, mon envie de penser autrement, ma capacité à prendre des initiatives et à m'exprimer pleinement.

Au fil du temps, cette pression s'est infiltrée dans tous les recoins de mon quotidien. Face à des structures favorisant l'alignement au détriment de l'exploration, j'ai ressenti un sentiment d'étouffement. Ce conflit m'a alors poussé à interroger ces systèmes, à comprendre pourquoi je me sentais enfermé, et comment mieux les appréhender pour vivre en meilleure harmonie avec ces contradictions.

Cette quête introspective m'a conduit à découvrir des disciplines variées, comme la philosophie, l'entrepreneuriat, la psychologie, ou encore la technologie.

L'entrepreneuriat, en particulier, a joué un rôle clé dans ce cheminement, me permettant d'exprimer ma créativité, de concrétiser mes idées et de renforcer mon apprentissage, nourri autant par mes succès que par mes échecs.

C'est dans cette continuité que l'envie d'écrire ce livre s'est naturellement imposée à mes 33 ans, pour partager mes réflexions, ma vision, et mon parcours personnel dans cette quête d'équilibre entre mon unicité et les exigences sociétales.

Décollage imminent,

Votre pilote, Vincent.

PARTIE 1

Démêler les influences pour renouer avec notre singularité

"Le véritable voyage de découverte ne consiste pas à chercher de nouveaux paysages, mais à avoir de nouveaux yeux."

— Marcel Proust

De l'emprise à l'éveil

Une réappropriation de nos créations

Chapitre 1

Dès notre naissance, nous sommes plongés dans des systèmes humains conçus pour assurer la stabilité et la cohésion au sein de notre société. Ces structures, que nous avons nous-mêmes créées, donnent à chacun un rôle et une place précise dans un ensemble plus vaste.

Présentées comme protectrices et utiles, elles imposent pourtant des règles rigides qui freinent notre capacité à explorer des chemins vraiment personnels.

Très tôt, elles s'immiscent subtilement dans nos repères, fixant l'ordre de marche de nos premiers pas et conditionnant notre perception du monde. Nous passons par la crèche, ensuite l'école, suivis du gymnase ou d'un apprentissage, puis pour certains d'une université, avant de rejoindre le monde du travail, qui occupera une grande partie de notre vie.

Ce parcours, qui semble naturel, est en réalité une succession d'étapes bien définies. Idriss Aberkane, penseur en développement personnel, utilise la métaphore des "boîtes" pour illustrer ces cadres qui jalonnent nos vies.

Du berceau à la salle de classe, de l'amphithéâtre universitaire aux bureaux d'une entreprise, familièrement appelée "boîte", nos existences gravitent autour d'espaces délimités et compartimentés. Même nos moments de divertissement s'inscrivent ironiquement dans cette logique, lorsque nous nous retrouvons en "boîte de nuit". Plus symboliquement, l'un des objectifs les plus convoités reste l'acquisition d'une maison, une boîte personnelle en quelque sorte. Et pour clore ce parcours, la dernière boîte que nous occuperons sera celle de notre cercueil.

Ainsi, de la crèche à la tombe, notre passage sur terre semble rythmé par des étapes ininterrompues, chacune imposant ses exigences, nous confinant dans un enchaînement de cloisons. Ces espaces donnent une impression de sécurité, mais demandent une validation constante en échange.

Nous sommes évalués, notés et jugés selon des critères externes, renforçant l'idée que notre valeur intrinsèque repose sur notre aptitude à répondre aux directives prescrites. C'est ce que Idriss Aberkane appelle "la vie notée". Obtenir de bonnes notes, au sens large, ne se limite pas aux résultats scolaires, mais englobe tous les aspects de la vie, où la reconnaissance extérieure devient le baromètre de notre valeur aux yeux de la société.

Dans ce contexte, réussir économiquement et accumuler des richesses deviennent les notes les plus importantes. Cette notion, utile aux autorités, leur permet de quantifier et de classer les individus selon des standards mesurables. Avec habileté, elles ont implanté en nous la fausse croyance que la réussite et le bien-être résultent de l'approbation sociétale.

Très vite, nous assimilons l'idée que "bien faire" signifie répondre aux attentes des autres, tandis que "mal faire" est automatiquement perçu comme une erreur à corriger. Ces conditionnements s'enracinent si profondément qu'avec le temps, ils deviennent invisibles, mais vivent en nous.

Cette intériorisation s'explique en partie par un formatage précoce, renforcé par une prédisposition mentale à se conformer aux figures de pouvoir dès l'enfance, un réflexe qui persiste souvent à l'âge adulte.

Cela peut être représenté par l'histoire d'un éléphanteau attaché à une chaîne solide qu'il ne peut briser. Une fois adulte, bien que sa force le lui permette, il reste immobile, prisonnier d'une conviction profondément ancrée. À l'inverse, un éléphant adulte jamais conditionné à une telle contrainte refuserait l'attache et se libérerait avec vigueur.

Ainsi, en restant figés dans ces schémas et soumis aux pressions extérieures, nous sacrifions notre liberté et étouffons notre potentiel. Face à cette acceptation passive, une première réflexion s'impose : ces structures nous protègent-elles réellement, ou ne sont-elles que des chaînes invisibles que nous avons nous-mêmes forgées ?

Dans mon expérience, tôt dans ma jeunesse, j'ai rapidement ressenti l'impact normalisateur des institutions éducatives sur mon esprit et ma créativité.

Prenons l'exemple de l'apprentissage des mathématiques de base, comme l'addition, où l'on nous enseigne que 3 + 3 = 6. Bien qu'exacte sur le plan mathématique, cette affirmation conditionne notre cerveau à adopter une pensée linéaire, à homogénéiser les éléments additionnés, et à percevoir la réalité sous un angle rigide. Cette équation, pourtant simple en apparence, m'a posé un véritable défi de compréhension. Ayant toujours perçu le chiffre trois comme un élément unique, tout comme un âne est un être singulier, additionner un âne avec un autre donne logiquement deux ânes.

De cette perspective, considérer le chiffre trois comme un élément en soi amène à se demander s'il ne pourrait pas être additionné autrement, ouvrant la voie à une réflexion moins conformiste et plus ouverte sur la manière d'appréhender l'algèbre, et, par extension, le monde qui nous entoure.

Ce type de visualisation, souvent perçu comme atypique ou marginal dans le cadre d'une éducation dite "traditionnelle", met en lumière l'influence des cadres que nous acceptons sans les questionner, forgeant ainsi les premières chaînes autour de notre esprit.

On y perçoit des systèmes conçus avant tout pour produire des cerveaux formatés, utiles à l'économie mais vides de profondeur, des cerveaux "gras" comme le souligne Idris Aberkane, qui se contentent de répéter ce qu'ils ont appris sans chercher à comprendre ni à imaginer. Dès lors, ne pourrait-on pas qualifier, de manière plus crue, cette approche d'éducation "industrielle", où la standardisation des apprentissages prime sur la liberté et l'exploration ?

Dans cette dynamique, les institutions tendent à produire des esprits mécaniques, modelés par des codes et des schémas stricts. Ceux qui excellent dans l'absorption et la reproduction de savoirs standardisés occupent des places de choix dans les grandes entreprises, où leur capacité à appliquer méticuleusement des directives leur permet de gravir les échelons, parfois jusqu'à des rôles de dirigeant.

Ce modèle valorise l'obéissance bien plus que la remise en question, reléguant les êtres créatifs ou divergents au second plan. Dans ces conditions, comment espérer qu'ils puissent contribuer au progrès ou à l'innovation ?

Pourtant, l'histoire nous enseigne le contraire : l'innovation et le progrès naissent de la liberté de penser et de l'audace d'explorer. Là où les systèmes, par nature normatifs, exploitent et améliorent l'existant, l'exploration individuelle ouvre des territoires créatifs et novateurs. Il ne s'agit pas seulement de parfaire ce qui est, mais de réimaginer ce qui pourrait être. Comme le souligne Steve Jobs, « *Quand vous aurez compris que le monde qui vous entoure a été construit par des gens qui ne sont pas plus intelligents que vous, et que vous pouvez le transformer, votre vie ne sera plus jamais la même.* »

Sans surprise, le fondateur d'Apple a su incarner cette vision avec l'iPod, transformant l'industrie musicale grâce à l'iTunes Store. L'entreprise ne s'est pas contentée d'optimiser un lecteur MP3 existant, elle a révolutionné l'expérience musicale. De son côté, Tesla a redéfini l'automobile en prouvant qu'un véhicule électrique pouvait allier performance et durabilité. Enfin, Airbnb a bouleversé le secteur de l'hébergement en utilisant des ressources sous-exploitées et en réinventant l'expérience de voyage.

Ces exemples montrent que la véritable innovation ne consiste pas seulement à fignoler l'existant, mais à imaginer de nouveaux paradigmes.

Malheureusement, le chemin vers la conformité prend souvent le dessus, car il est plus simple, rassurant et conventionnel. Imaginez-vous vouloir gravir une montagne enneigée : préférez-vous suivre un chemin déjà tracé, familier et sûr, ou en créer un nouveau pour découvrir de nouveaux horizons ? Pourtant, si l'on en croit les discours, chacun aspire à laisser son empreinte sur cette terre. Mais par peur de s'éloigner du sentier, beaucoup finissent par marcher dans les pas des autres.

À travers l'histoire, les penseurs et théoriciens ont souvent critiqué la manière dont les systèmes influencent et modèlent l'identité humaine. Michel Foucault, par exemple, a étudié comment des institutions telles que les écoles, les hôpitaux et les prisons exercent un contrôle sur les corps et les esprits. Jean-Jacques Rousseau, quant à lui, dénonçait les conventions sociales comme des chaînes qui nous éloignent de notre état naturel et nous nous forcent à suivre des règles implicites.

Pierre Bourdieu, de son côté, a mis en évidence le rôle des établissements éducatifs dans la reproduction des inégalités sociales, en gratifiant ceux qui maîtrisent les codes culturels.

Cette thématique a également été explorée à travers des expériences psychologiques marquantes. Solomon Asch a démontré comment la pression du groupe peut conduire une personne à adopter une opinion qu'elle sait être fausse. Stanley Milgram a révélé l'influence de l'autorité, parfois si forte qu'elle pousse des individus à agir contre leur propre moral. Enfin, Karl Duncker a montré que les récompenses peuvent paradoxalement freiner la créativité en limitant l'ouverture d'esprit.

Ainsi, philosophes, théoriciens et chercheurs ont montré, à travers leurs travaux, comment les systèmes façonnent nos comportements, influencent notre perception de la réalité et conditionnent nos choix.

Qu'il s'agisse de l'emprise des institutions sur nos corps et nos esprits, de la pression sociale, de l'autorité ou encore des récompenses qui favorisent la facilité cognitive au détriment de l'exploration, tous révèlent une même tension.

Un conflit qui limite notre liberté individuelle face à des cadres imposés. Ce décalage, omniprésent, interroge notre aptitude à penser par nous-mêmes et à résister aux normes qui, souvent, nous éloignent de notre essence et potentiel.

L'histoire nous a démontré que cette soumission peut mener à des dérives marquantes. Sous le régime de l'Allemagne nazie, par exemple, des environnements oppressants ont conduit de nombreux individus à obéir aveuglément à des ordres, généralement par peur ou conformisme.

Plus récemment, les dérives sectaires révèlent comment des leaders charismatiques exploitent cette obéissance pour manipuler leurs adeptes, les amenant à adopter des comportements extrêmes. Dans de tels contextes, le sens critique de l'individu est altéré, remplacé par une adhésion aveugle aux énergies du groupe ou à l'autorité.

Conscients de cette docilité humaine, les systèmes l'ont renforcée en récompensant ceux qui s'y conforment, plutôt que ceux qui osent les remettre en question.

Ce faisant, promotions, bonnes notes ou autres validations sociales sont devenus autant de "bons points" destinés à entretenir cette acceptation directionnelle. Idriss Aberkane évoque cela comme une "chasse aux récompenses et aux bons points". Une mécanique systémique qui façonne nos comportements pour servir les standards établis. Si bien huilée qu'elle influence nos réflexes quotidiens, nous incitant à offrir des bonbons à un enfant sage, tout comme nous nous épuisons à décrocher une augmentation salariale.

Cette dynamique s'inscrit parfaitement au concept évoqué précédemment de "la vie notée", qui permet de quantifier et classer les individus. Dans cette logique, la fortune s'impose comme la note suprême, une force discrète et incontournable, orientant nos parcours selon des exigences de rentabilité, de réussite économique et de statut social.

L'argent devient alors la gratification idéale pour préserver cet ascendant, tel une carotte au bout d'un bâton. Une variable délibérément choisie, qui donne aux systèmes une emprise discrète, mais déterminante sur nos vies.

Leurs "prisons dorées", où le confort matériel et la reconnaissance sociale masquent des chaînes invisibles, nous enferment dans une illusion de satisfaction. Loin de garantir l'épanouissement, ces récompenses, qu'on croit positives, nous éloignent constamment de notre bien-être réel, qu'il soit mental ou physique. Elles nous poussent à troquer notre liberté de vivre pleinement selon nos propres termes contre une satisfaction trompeuse.

À cet effet, nous sommes poussés à privilégier des carrières jugées sûres, lucratives, et valorisée socialement même lorsqu'elles ne correspondent pas à nos véritables passions ou aptitudes. Au lieu de rester un simple moyen, l'argent devient une fin en soi, dictant des choix de vie qui renforcent la dépendance aux structures établies.

Tristement, par effet de ricochet, cette dynamique se transmet de génération en génération, engendrant des cycles répétitifs. Animés par le désir sincère d'assurer un avenir stable et prometteur à leurs enfants, de nombreux parents les orientent vers des professions respectées, mais surtout familières, qu'ils connaissent bien.

En partageant leur expérience, leurs réseaux et leurs connaissances, ils trouvent une certaine assurance, persuadés de guider leurs enfants sur un chemin qu'ils maîtrisent. Pour ces derniers, cela offre un appui sécurisant, une forme de continuité rassurante dans un parcours balisé.

Dans mon propre cas, mon père, homme d'affaires, m'a initié à cet univers dès mon plus jeune âge. Les notions de fusions, d'acquisitions et d'autres terminologies propres au monde des affaires faisaient déjà partie de mon vocabulaire bien avant mes études en économie. Convaincu que ses contacts, son expérience et mes futurs diplômes seraient des atouts déterminants pour mon avenir, il m'a naturellement encouragé à suivre cette voie. Bien que cette orientation ait été enrichissante, elle illustre à quel point les organisations parviennent à maintenir leur domination en associant trajectoires prédéfinies et promesses de réussite sociale.

Au sommet de la pyramide des professions valorisées, on retrouve sans surprise les compétences rationnelles et analytiques, qui occupent une place centrale dans notre civilisation.

Facilement quantifiables et calculées par le QI, elles se prêtent parfaitement à une évaluation uniformisée, comme en témoignent les nombreux tests disponibles, renforçant l'idée que la valeur d'un individu peut être résumée à des chiffres.

C'est ainsi que l'exploration de nos atouts émotionnels, pratiques et créatifs est souvent marginalisée dans une équation systémique incapable de les évaluer. Des métiers essentiels du secteur primaire, comme l'agriculture ou l'artisanat, qui s'appuient sur des savoir-faire concrets et un lien profond avec la nature, restent peu valorisés, malgré leur rôle crucial dans notre survie. De même, les artistes, qu'ils soient musiciens, peintres ou sculpteurs, incarnent une intelligence nourrie par la sensibilité et l'émotion, enrichissant notre culture en apportant beauté et réflexion.

Pourtant, une vie pleinement épanouissante repose sur la reconnaissance et l'expression de toutes les dimensions de notre humanité, qu'elles soient intellectuelles, émotionnelles, pratiques ou créatives. Comme le disait Montaigne dans Les Essais, « *l'enfant n'est pas un vase qu'on remplit, mais un feu qu'on allume.* »

Il serait opportun de repenser nos institutions afin qu'elles valorisent toutes les compétences humaines, au lieu de privilégier uniquement celles qui sont mesurables.

Rappelons que ce sont les individus qui créent les systèmes, et non l'inverse. Ils sont là pour nous servir, pas pour nous définir. L'oublier, c'est risquer de devenir prisonniers de nos propres créations. Aussi élaborés soient-ils, les cadres sociaux ne pourront jamais offrir la profondeur que l'exploration du sens de notre existence et de notre vérité personnelle apporte à la vie. Ces systèmes, figés dans leur fonction, ignorent la réalité de notre condition mortelle.

En revanche, notre conscience de cette limite, loin d'être un fardeau, nous incite à concevoir des structures répondant à nos besoins et à notre quête de sens. Ce regard lucide nous encourage à emprunter des chemins en harmonie avec nos aspirations et à poursuivre nos rêves avec audace.

L'empreinte que nous laissons sur cette terre repose sur notre capacité à choisir, à explorer, et à affirmer notre libération personnelle, essence même de l'éveil.

Le temps en tension

Émotions et raison face aux cadres imposés

Chapitre 2

L'existence humaine repose sur un flux incessant de décisions, oscillant entre l'émotion, la raison et la temporalité. Ces trois forces se mêlent pour influencer notre façon de voir le monde et guider nos choix.

Mais une question demeure : quel rôle jouent les systèmes dans l'orientation de ces dynamiques intérieures ?

Bien qu'ils structurent nos rapports avec l'extérieur, leurs empreintes s'infiltrent également au cœur de nos ressentis, de nos pensées, et de notre manière de percevoir le temps.

Loin d'être de simples spectateurs passifs, les institutions sociales, culturelles et éducatives influencent activement la manière dont ces dimensions se combinent et s'expriment. Cet impact façonne notre manière de ressentir, de penser et d'agir, tout en touchant nos émotions, qui jouent un rôle central dans nos choix et décisions.

Cette prise de conscience nous invite alors à réexaminer et à rééquilibrer nos rapports à ces cadres. Les scientifiques classent les émotions en six catégories : la peur, la colère, le dégoût, la tristesse, la surprise et le bonheur.

Dès notre plus jeune âge, ces émotions occupent une place centrale dans nos vies. Enfant, nous vivons chaque instant avec une authenticité désarmante. La joie est exubérante, l'amour spontané, la tristesse immédiate, la peur paralysante et la colère éclatante.

N'avez-vous jamais été touché par cette spontanéité enfantine, si pure qu'elle en devient contagieuse ? Libre de tout calcul, elle incarne notre prédisposition naturelle à exprimer nos émotions sans filtre ni retenue. Loin d'être une faiblesse, cette sincérité illustre la richesse et la puissance des émotions lorsqu'elles ne sont pas encore conditionnées par les normes sociales. Daniel Goleman, spécialiste de l'intelligence émotionnelle, souligne dans ses travaux que les jeunes enfants ne disposent pas encore des mécanismes cognitifs nécessaires pour dissimuler ou moduler leurs émotions, ce qui leur permet d'exprimer pleinement ce qu'ils vivent et ressentent.

Sans surprise, en grandissant, ces émotions brutes sont peu à peu canalisées. Non qu'elles perdent en intensité, mais parce qu'elles s'ajustent aux comportements que la société considère comme plus "raisonnables", altérant ainsi progressivement notre sincérité.

Pourtant, ces cadres ne devraient pas effacer la signification profonde des émotions, véritables boussoles intuitives qui nous connectent intensément à ce que nous vivons ici et maintenant. Intimement liées à notre identité, elles nous ancrent dans l'instant présent et offrent une perspective unique à chaque moment.

Les recherches en neurosciences, notamment celles menées par Antonio Damasio, professeur de neurologie, démontrent que les émotions ont une part capitale dans nos processus cognitifs. Selon ses études, près de 80 % de nos décisions et comportements seraient orientés par des facteurs émotionnels. Elles agissent en amont de la raison, guidant notre évaluation des situations de manière quasi instinctive.

Bien que les émotions se manifestent dans l'instant présent, elles modifient aussi notre perception du temps.

En effet, sous leur emprise, le temps peut sembler s'étirer ou s'accélérer, modifiant la manière dont nous vivons chaque moment. N'avez-vous jamais ressenti ces minutes interminables dans une salle d'attente, redoutant une mauvaise nouvelle ?

Personnellement, je me souviens d'une chute à ski où le temps semblait suspendu. Alors que mon corps était projeté dans les airs, chaque détail devenait incroyablement clair, comme si le temps s'allongeait pour me permettre de réagir. Pourtant, cette chute ne dura qu'un instant. À l'inverse, quand je partage un repas avec mes amis ou que je profite d'une fête, le temps semble s'accélérer, me laissant souvent une impression de trop peu.

Les études neuroscientifiques montrent comment le cerveau intègre la perception du temps et les émotions. En état de stress, comme l'illustre mon exemple, le temps semble se dilater, un mécanisme directement lié à l'instinct de survie, où notre cerveau intensifie le traitement des informations pour mieux réagir. Inversement, lors de moments agréables, notre cerveau relâche cette hypervigilance, et le temps paraît s'accélérer, porté par le plaisir.

Néanmoins, cette distorsion temporelle, influencée par nos émotions, est subtilement amplifiée par les systèmes. Dans le cadre professionnel, par exemple, les échéances serrées, les impératifs de productivité et les attentes élevées génèrent une anxiété constante, nous poussant parfois à des choix précipités. Ce climat de pression permanente module nos émotions et nous éloigne de notre équilibre intérieur.

Pour retrouver une stabilité, des pratiques concrètes telles que la méditation ou la marche consciente, que nous approfondirons plus loin, se révèlent être des outils précieux pour atténuer l'impact des oppressions sociétales. Comme le souligne Jerome Johnson, spécialiste en développement personnel et conférencier sur la résilience émotionnelle, « *On ne contrôle rien dans la vie, sauf nos réactions.* »

En apprenant à mieux les maîtriser, ces réactions peuvent devenir nos alliées, nous aidant à naviguer dans un monde de contraintes tout en retrouvant un ancrage plus solide dans le moment présent.

Si les émotions font vivre pleinement l'instant présent, la raison, quant à elle, établit un pont entre le passé et l'avenir.

La raison nous aide à structurer nos décisions en tirant les enseignements du passé tout en anticipant les répercussions futures. Par ce biais, elle nous pousse à planifier, évaluer les risques et bâtir un avenir en accord avec nos objectifs à long terme.

Pourtant, tout comme les émotions, la raison n'échappe pas aux influences systémiques. Le futur, souvent enveloppé d'idéaux ou de projections, se construit sous cette emprise.

Ces visions idéalisées, bien qu'elles semblent être le fruit de choix individuels, reflètent fréquemment des sollicitations externes. Prenons, par exemple, cette question récurrente lors d'un entretien d'embauche : où vous voyez-vous dans cinq ou dix ans ? Une interrogation qui m'a toujours semblé paradoxale et déconnecté de la réalité. Comment pourrait-on définir avec précision une trajectoire dans un futur fondamentalement incertain ?

Ce type de question, sous une apparence de logique, pointe du doigt une incohérence en nous incitant à orienter notre existence vers un objectif hypothétique.

À mon sens, une question plus pertinente serait : en quoi votre parcours vous a-t-il conduit à ce rôle, et pourquoi souhaitez-vous l'occuper aujourd'hui ? Cette approche recentre l'attention sur le chemin parcouru et sur nos aspirations actuelles, offrant ainsi une base plus solide et authentique pour orienter nos décisions.

Un autre exemple est celui de la réussite économique et du statut social, évoqué dans le premier chapitre, tels que devenir propriétaire d'une maison ou dirigeant d'une société, des concrétisations hautement valorisés et convoitées. Mais ces objectifs reflètent-ils une aspiration authentique ou une vision imposée par les normes sociales ? Qu'en est-il des sacrifices personnels, des années de travail acharné qu'ils nécessitent, et de leur impact sur notre bien-être ? Et même une fois ces accomplissements atteints, la question demeure : la satisfaction sera-t-elle réellement au rendez-vous ?

Le bonheur que l'on espère trouver dans ces accomplissements peut s'avérer insaisissable, tant il repose sur des projections incertaines.

Pourquoi alors concentrer nos efforts sur un bonheur hypothétique dans le futur, quand le présent offre déjà des opportunités pour le vivre pleinement ? De facto, en nous projetant constamment dans un futur incertain, nous nous éloignons du présent, ce repère tangible et le plus adapté pour identifier ce qui nous procure de la joie ici et maintenant.

En revanche, le passé, offre une richesse concrète sur laquelle nous pouvons nous appuyer. Imprégné de souvenirs, il agit comme un guide, réactivant nos facultés cognitives et sensorielles pour éclairer nos réflexions et renforcer notre lien avec le présent. En nous reconnectant à ce passé, nous accédons à une vérité ancrée dans des expériences réelles, capables de nous stabiliser à la fois intérieurement et extérieurement. Après tout, même si le passé nous lègue un héritage précieux et le futur demeure une promesse incertaine, c'est le présent qui constitue notre véritable repère de justesse et de plénitude. Comme le rappelle avec simplicité une phrase du film d'animation Kung Fu Panda, « *Hier est derrière, demain est mystère, et aujourd'hui est un cadeau, c'est pour cela qu'on l'appelle le présent.* »

Sur un plan plus scientifique, l'étude du "flux" menée par Mihály Csíkszentmihályi explore un état optimal de concentration et de satisfaction, où l'on est totalement absorbé par l'activité présente au point d'en oublier le temps qui passe.

Ce concept illustre l'importance de l'émotion dans la création d'expériences significatives, soulignant que vivre pleinement dans l'instant peut parfois être la clé du bonheur. C'est dans cet instant, empreint richesse émotionnelle, que nos expériences passées dialoguent avec nos aspirations futures, tout en nous invitant à accueillir pleinement ce qui est se présente à nous.

Les philosophies orientales, telles que le bouddhisme zen et le stoïcisme, convergent également sur l'idée de cultiver une attention ancrée dans le présent, bien qu'elles s'y rapportent différemment. Le bouddhisme zen invite à embrasser l'instant dans toute sa richesse, en se libérant des regrets liés au passé et des projections vers l'avenir, souvent façonnées par les attentes sociales. Comme le disait Bouddha, « *Ne vis pas dans le passé, ne rêve pas du futur, concentre ton esprit sur le moment présent.* »

À l'inverse, le stoïcisme nous encourage à utiliser la raison pour modérer ces attentes et à trouver un équilibre entre ce que nous pouvons contrôler et ce que nous devons accepter.

Bien que ces deux approches poursuivent un objectif commun de paix intérieure et de maîtrise de soi, elles contrastent avec la pensée occidentale moderne, davantage axée sur la gestion du temps, la planification, et l'anticipation constante de l'avenir.

Cette focalisation entraîne souvent nos esprits à baculer entre les regrets du passé et les inquiétudes liées à l'avenir, nous privant ainsi de la capacité à apprécier pleinement la richesse du moment présent.

Pourtant, le présent demeure l'espace où les influences systémiques semblent moins prégnantes, peinant à dominer cet instant où l'authenticité peut émerger, affranchie des pressions et des projections. C'est dans cet espace que nous avons la meilleure opportunité de transcender les cadres imposés, offrant un terrain fertile à l'épanouissement de notre véritable liberté.

Dans cette quête, des pratiques concrètes offrent la possibilité d'instaurer un équilibre harmonieux entre ces forces, tout en cultivant la pleine conscience. Ces approches favorisent une compréhension approfondie de nos émotions, tout en encourageant des choix plus alignés avec nos valeurs profondes. En voici quelques-unes :

La marche consciente, une activité facile d'accès, qui consiste à marcher pendant 15 minutes sans réfléchir, en se concentrant uniquement sur la sensation de vos pieds touchant le sol, votre respiration, ou les sons environnants. Cette pratique libère l'esprit des préoccupations, vous reconnectant à l'instant présent et clarifiant vos pensées.

La méditation guidée, une pratique puissante, où un guide vous aide à vous concentrer sur votre respiration, vos sensations corporelles, ou des visualisations spécifiques. Cela favorise un état de calme intérieur, vous permettant de prendre du recul par rapport aux émotions intenses et de clarifier vos pensées, facilitant ainsi des décisions plus équilibrées.

Le journal de gratitude, une technique simple mais efficace pour renforcer votre résilience émotionnelle. En écrivant chaque jour trois à cinq choses pour lesquelles vous êtes reconnaissant, vous orientez votre esprit vers des émotions positives, créant ainsi un espace mental propice à la réflexion rationnelle.

La règle des 5 minutes, une méthode utile pour équilibrer émotion et raison. Lorsque vous êtes confronté à une décision difficile, accordez-vous cinq minutes pour ressentir pleinement ce que vous éprouvez ou pour réfléchir à la situation, puis prenez une décision ou laissez simplement la pensée s'évanouir. Cela vous permet de ne pas ignorer vos émotions, tout en évitant de vous laisser submerger par elles.

La méthode Pomodoro, une technique qui repose sur l'alternance de 25 minutes de travail concentré et de 5 minutes de pause, permet de maintenir l'équilibre entre raison et émotion. Cette approche aide à prévenir la fatigue mentale, à rester plongé dans le moment présent et à progresser vers vos objectifs.

La respiration consciente, une pratique simple mais essentielle pour réduire le stress et ramener l'attention au moment présent. En vous concentrant simplement sur votre respiration, vous apaisez le système nerveux, réduisant ainsi l'emprise des émotions négatives et permettant une réflexion plus claire.

Enfin, l'introspection joue un rôle essentiel dans cet équilibre. Elle permet de prendre du recul, d'analyser ses émotions et de les mettre en perspective avec la raison. En comprenant pourquoi vous ressentez ce que vous ressentez, elle vous aide à décider si ces sentiments doivent guider vos actions. En cultivant cette conscience, l'introspection vous permet de faire des choix qui reflètent votre essence véritable, plutôt que d'être influencé par des forces que vous ne maîtrisez pas pleinement.

Dans cette recherche introspective avec soi-même, la philosophie Nietzschéenne sur le "devenir ce que l'on est" prend tout son sens. Pour lui, il ne s'agit pas simplement de découvrir une identité préexistante, mais de forger et de transformer continuellement cette identité, en se libérant des attentes extérieures et des conventions.

En définitive, en apprenant à équilibrer émotion, raison et temps, nous devenons non seulement acteurs de nos vies, mais aussi des créateurs pleinement conscients.

Ce cheminement reflète un processus d'individuation, où l'on se dépasse continuellement pour façonner une vie plus authentique. C'est dans cette quête, où chaque instant devient une opportunité de transformation, que réside l'art de vivre.

À l'image de figures comme Mandela, Kahlo ou Gandhi, ces exemples montrent que l'équilibre n'est pas un état figé, mais une dynamique en constante évolution. Mandela a transformé l'adversité en force de résilience, Kahlo a sublimé sa souffrance par l'art, et Gandhi a incarné l'harmonie entre conviction et action.

Leur parcours nous rappelle que cette quête d'alignement, bien qu'exigeante, donne un sens profond à notre existence. Comme le disait Mahatma Gandhi, « *Le bonheur, c'est lorsque vos pensées, vos paroles et vos actions sont en harmonie.* »

Le bonheur sous influence
Repenser nos ambitions face aux normes

Chapitre 3

Parmi les six émotions fondamentales abordées, que sont la peur, la colère, le dégoût, la tristesse, la surprise et le bonheur, seule cette dernière est positive. Il n'est donc pas surprenant que la quête du bonheur devienne un objectif commun, profondément ancré dans la nature humaine.

Ressentir cet état donne une direction et une signification à notre existence, comme le souligne la philosophe française Olivia Gazalé : « *La vie n'a de sens que dans la quête du bonheur, qui constitue la véritable finalité de notre existence.* »

Comme révélé en fin du chapitre précédent, le bonheur naît de l'alignement entre nos pensées, nos paroles et nos actions. Pourtant, cette quête est tout sauf simple ou linéaire. Les systèmes qui nous entourent influencent profondément notre perception du bonheur, souvent défini à travers des critères sociaux tels que le succès professionnel, l'accumulation de biens et un statut élevé.

Ainsi, nous en venons à voir le bonheur comme un objectif mesurable et continu. Cette vision, façonnée par les institutions sociales, éducatives, économiques et culturelles, repose sur une quête de validation axée sur des résultats externes comme les diplômes ou les notes. Comme mentionné dans le premier chapitre, les cadres éducatifs valorisent la performance, la compétition et la conformité, en faisant de la réussite académique une condition indispensable au bonheur futur.

Pourtant, une fois dans la vie active, beaucoup réalisent que cette réussite ne garantit ni satisfaction intérieure, ni épanouissement durable. En cherchant le bonheur selon ces standards imposés, il devient un mirage lointain, nous éloignant de ce qui pourrait réellement nourrir notre épanouissement. Paradoxalement, plus nous le poursuivons activement dans cette direction, plus il semble nous glisser entre les doigts.

En définitive, nous courons après des objectifs socialement valorisés, mais qui nous enferment dans une quête illusoire et sans fin, éloignée de nos aspirations profondes et de ce qui donne un sens véritable à notre existence.

Cela révèle une vérité troublante. Bien qu'érigés en piliers de réussite, ces ambitions possèdent souvent un caractère éphémère, car une fois atteints, ils ouvrent la voie à de nouveaux désirs, perpétuant une quête interminable de satisfaction. Comme le philosophe allemand Schopenhauer l'exprimait si justement, « *Le désir et la satisfaction s'engendrent mutuellement, mais jamais ne s'éteignent.* »

Psychologiquement, ce phénomène, appelé adaptation hédonique, illustre notre tendance à nous habituer rapidement aux réussites ou possessions, réduisant ainsi leur impact émotionnel avec le temps. Une fois un objectif atteint ou un bien acquis, le plaisir initial, bien que réel et intense, s'estompe progressivement, nous ramenant à un état de neutralité. C'est précisément cette nature éphémère du bonheur matériel que les publicitaires exploitent habilement, en jouant sur des émotions universelles telles que l'amour, la liberté, la réussite ou le sentiment d'appartenance.

N'avez-vous jamais remarqué comment les campagnes publicitaires pour les voitures ne se contentent pas de vanter leurs performances techniques, mais promettent un mode de vie idéal ?

Elles mettent en scène des familles radieuses traversant des paysages époustouflants, symbolisant la liberté et l'épanouissement. De même, les publicités pour les parfums évoquent des histoires d'amour passionnées ou des moments d'intimité, tandis que d'autres produits s'associent subtilement à des rêves de réussite sociale ou de reconnexion familiale.

Ces récits captivent en associant des objets à des émotions positives, créant l'illusion que posséder ces produits peut nous rapprocher d'un bonheur durable.

Pourtant, une fois l'achat effectué, ces promesses s'effacent rapidement face à la réalité. L'objet acquis, qu'il s'agisse d'une voiture, d'un parfum ou d'un vêtement, finit par s'intégrer à notre quotidien, perdant son éclat émotionnel. Nous nous retrouvons alors pris dans un cycle sans fin de désirs et d'acquisitions, épuisant nos ressources et détournant notre attention des véritables sources de joie.

Ce fonctionnement, profondément enraciné dans la nature du désir, une émotion étudiée par de nombreux philosophes, reflète notre tendance à aspirer à ce qui nous manque.

René Girard, avec sa théorie du désir mimétique, expliquait que nos désirs ne sont souvent pas guidés par nos besoins réels, mais par ce que nous percevons comme valorisé par autrui. Comme il le résumait, « *Nous désirons toujours selon le désir de l'autre.* » Une fois l'objet ou l'objectif atteint, ce désir ne s'éteint pas, mais se tourne simplement vers une nouvelle cible, attisant un perpétuel mouvement de recherche.

Mais alors, si le bonheur ne réside ni dans l'accumulation de biens, ni dans la quête infinie de succès mesurables dictés par les normes sociales, ni dans cet idéal lointain perpétuellement attisé par nos désirs, où peut-il réellement se trouver ?

Peut-être ne s'agit-il pas tant de le poursuivre que de le reconnaître dans les instants de simplicité, d'authenticité et de connexion humaine. Ces moments, qui imprègnent l'âme bien au-delà des injonctions imposées, incarnent une forme de bonheur plus vraie. Plutôt que de le percevoir comme un objectif immuable, il s'agit de le découvrir dans les expériences qui jalonnent notre chemin. Comme l'a si bien exprimé Philippe Pollet-Villard, « *Dans un voyage, ce n'est pas la destination qui compte mais toujours le chemin parcouru, et les détours surtout.* »

Cette réflexion nous montre que c'est le chemin parcouru, bien plus que la destination, qui donne du sens à nos accomplissements. Comme nous l'avons vu, le présent, repère concret et tangible, reste l'endroit où cette satisfaction peut vraiment s'ancrer.

Cette vision est également éclairée par la philosophie stoïcienne, qui nous invite à concentrer nos efforts sur ce qui est sous notre contrôle, tout en accueillant avec sérénité ce qui échappe à notre maîtrise. Selon cette approche, le bonheur ne réside pas dans les circonstances extérieures, mais dans la manière dont nous choisissons d'y répondre.

Aristote, quant à lui, évoquait "l'eudaimonia", souvent traduit par "bonheur", mais qui signifie plus précisément "floraison" ou "épanouissement". À ses yeux, le bonheur ne se trouvait pas dans la recherche du plaisir, mais dans l'accomplissement du potentiel humain le plus élevé. Cette réflexion est prolongée par des penseurs contemporains comme Mihaly Csikszentmihalyi, déjà mentionné pour sa notion de "flow". Cet état de concentration intense et d'engagement total dans une activité, où la perception du temps semble disparaître, incarne une satisfaction profonde.

Porté par ces lumières, le bonheur se dévoile comme un état fluide et évolutif, rythmé par des moments de satisfaction et d'épanouissement, plutôt qu'un but fixe à atteindre. En revisitant cette perspective, il devient clair de comprendre que ce sentiment ne se trouve pas dans des gratifications imposées, mais dans une expérience cohérente, en harmonie avec nos valeurs et ambitions profondes.

Pour parvenir à cet équilibre, il est nécessaire d'entamer un travail sur soi, afin de distinguer nos aspirations internes des attentes extérieures. Ce processus de transformation repose sur une introspection régulière et sincère.

Des outils comme la réflexion guidée ou le journaling peuvent vous y aider. En prenant le temps d'identifier ce qui génère satisfaction ou insatisfaction dans votre quotidien, vous pourrez progressivement discerner vos véritables désirs et définir des objectifs mieux alignés avec vos valeurs.

Par ailleurs, la flexibilité mentale permet d'ajuster vos choix au fil du temps. Il est important de comprendre que l'évolution des valeurs est un processus continu et non un événement ponctuel.

Enfin, les techniques de pleine conscience, comme la méditation ou la visualisation positive, peuvent aussi vous aider à rester connecté à vos aspirations changeantes. Cela vous permettra d'ajuster vos décisions en temps réel et de rester aligné avec votre évolution intérieure.

En cultivant cet état d'esprit, vous parviendrez à aligner vos décisions sur des valeurs plus authentiques, vous libérant ainsi des standards externes qui ne correspondent plus à votre vision du bonheur. Dans ce processus de réévaluation et d'ajustement continuel, des figures emblématiques comme Nelson Mandela et Mahatma Gandhi illustrent parfaitement comment la flexibilité mentale et l'évolution des valeurs peuvent permettre de surmonter les défis.

Mandela, après avoir passé 27 ans en prison, a su adapter sa vision de la justice et de la réconciliation, mettant de côté tout désir de vengeance pour mener l'Afrique du Sud vers une transition pacifique postapartheid. Il a démontré que le bonheur et l'accomplissement ne résident pas dans la satisfaction immédiate de ses désirs, mais dans la capacité à se réaligner avec des valeurs de paix et de justice.

De même, Gandhi, à travers sa philosophie de la non-violence, a continuellement ajusté ses aspirations pour se concentrer sur un idéal de liberté et d'harmonie collective. Il a montré que le bonheur, loin d'être atteint par des moyens traditionnels de pouvoir ou de richesse, s'épanouit dans le service à une cause plus grande que soi, en alignement avec des valeurs profondes de vérité et de non-violence.

Ces exemples montrent que le bonheur se trouve dans l'art de dépasser les circonstances, de rester fidèle à ses principes tout en ajustant ses choix à un contexte en constante évolution. En comprenant l'impact des normes sociales et des attentes collectives, nous pouvons réajuster nos aspirations vers un bonheur sincère, en phase avec nos désirs et notre nature profonde.

Ce bonheur ne repose pas uniquement sur la réalisation d'objectifs futurs, mais s'épanouit surtout dans l'appréciation des instants présents, véritables sources de sérénité et d'accomplissement. Comme le disait Épicure, « *Il ne faut pas gâcher ce que l'on a en désirant ce que l'on n'a pas, mais apprendre à savourer pleinement ce qui est déjà là.* »

L'amour sous contrôle

Comment les systèmes façonnent nos relations

Chapitre 4

Si trouver notre âme sœur constitue une étape clé dans notre quête du bonheur, cette recherche n'échappe pas pour autant aux systèmes qui, une fois de plus, s'y immiscent, altérant nos comportements avant même que nos cœurs n'éprouvent leurs premiers élans d'amour.

Très tôt, les distinctions entre masculin et féminin sont façonnées, nous orientant vers des modèles prédéfinis et des rôles genrés, souvent au détriment de notre singularité et de notre liberté d'expression.

Dès l'enfance, nous sommes imprégnés d'une vision idéalisée de l'amour, des relations, et du mariage, véhiculée par les livres, les jouets et les dessins animés, qui projettent l'image d'une "union parfaite", où le bonheur semble absolu et infaillible.

Dans cette optique, les garçons sont encouragés à se tourner vers des activités axées sur l'algèbre, la performance physique et l'expression d'une certaine virilité. On leur offre des camions pour jouer, on leur fait visionner des films d'action, et on privilégie des couleurs d'affirmation comme le bleu ou le noir. Ces expositions les dirigent souvent vers des domaines tels que l'ingénierie, la finance ou les sports virulents, leur inculquent des attentes de force, de compétitivité et de technicité, structurant ainsi une manière dominante de se définir et de se positionner dans la société.

De leur côté, les filles sont orientées vers des activités valorisant l'empathie, la sensibilité et une certaine délicatesse. On leur offre des poupées, on privilégie les récits romantiques, et on choisit des couleurs douces comme le rose ou le blanc. Ces encouragements les dirigent fréquemment vers des domaines comme les arts, les langues ou les soins, consolidant des attentes selon lesquelles elles devraient incarner l'altruisme et le dévouement.

Ce cloisonnement, souvent justifié par des prétendues "différences naturelles", reflète avant tout des constructions culturelles qui accentuent les inégalités et les disparités.

Insufflées dès notre plus jeune âge, ces scissions brident non seulement l'exploration individuelle, mais restreignent aussi l'expression authentique de chacun, conditionnant les aspirations et les comportements.

En instaurant une séparation artificielle, ces normes cultivent l'illusion d'univers opposés, rendant plus difficile la compréhension et la collaboration entre les sexes. Au lieu de promouvoir des complémentarités enrichissantes, elles perpétuent des oppositions stéréotypées, freinant ainsi l'épanouissement collectif.

Heureusement, en grandissant, les pulsions hormonales qui nous animent viennent briser les barrières construites, créant des ponts là où il y avait des murs.

L'adolescence devient alors ce moment paradoxal où, malgré la persistance des clichés, l'attraction naturelle entre les sexes nous pousse à nous rapprocher, à explorer nos différences et à rechercher l'autre au-delà des catégories dans lesquelles nous avons été placés. Mais, cette réappropriation de liberté ne sera que de courte durée.

Comme discuté, les émotions spontanées des premiers émois cèdent progressivement la place à une rationalité dictée par le conformisme. Les jeunes adultes, croyant leur amour affranchi, se confrontent rapidement aux attentes institutionnelles liées au mariage, à la monogamie et aux relations hétérosexuelles établies comme norme.

Cette transition, bien au-delà de la sphère individuelle, étend désormais l'impact des systèmes à la dynamique du couple lui-même, sculptant l'amour à travers des devoirs et règles qui régissent la vie à deux.

Le mariage, incarne bien cette logique collective : on se marie pour fonder une famille, et on forme une famille pour contribuer à la société. Comme le disait Montaigne « *On ne se marie pas pour soi, quoi qu'on dise, on se marie autant ou plus pour sa postérité, pour sa famille.* »

Historiquement, le mariage a été instauré pour renforcer les communautés et structurer les relations économiques et politiques. Devenu une procédure contractuelle, il s'est transformé en un instrument de régulation sociale et en un vecteur de transmission des biens et des alliances.

Bien qu'il ait servi de pilier pour les sociétés, le mariage contractuel a aussi renforcé des inégalités patriarcales. Les familles, en tant que noyaux sociaux, ont amplifié ces déséquilibres au sein des foyers. Si l'union de deux êtres est censée célébrer l'amour, la spontanéité des émotions humaines s'efface souvent sous le poids des attentes imposées par les conventions sociales.

Ces cadres, loin de favoriser une expression sincère de l'amour, tendent à le modeler et à l'encadrer dans des normes qui limitent à la fois la liberté individuelle et celle du couple.

Dans mon expérience, les attentes sociales ont souvent freiné l'expression naturelle de mes sentiments. Combien de fois ai-je entendu mes parents ou d'autres membres de leur génération me dire : à ton âge, j'étais déjà marié et j'attendais mon premier enfant ! Tu attends quoi ? Ces paroles, bien que prononcées avec de bonnes intentions, réduisaient l'amour à une obligation sociale, une injonction à suivre un chemin dicté par la pression collective. Ce chemin, loin d'être un choix personnel et authentique, conduit souvent à l'échec, se traduisant par des divorces ou la désintégration des foyers.

Le défi réside donc dans l'enjeu de repenser le mariage afin qu'il puisse continuer à jouer son rôle communautaire tout en respectant les aspirations individuelles de liberté et d'égalité. Cela implique de le reconnaître comme une structure évolutive, adaptable aux réalités changeantes des individus et des sociétés. Aujourd'hui, bien que le mariage conserve une place significative, il est désormais davantage perçu comme un choix que comme une obligation, reflétant l'évolution des mentalités et des besoins.

Après avoir exploré le mariage comme institution sociale, il est pertinent de s'interroger sur le modèle qu'il tend à promouvoir, à savoir les relations monogames et hétérosexuelles, perçues comme le socle de la reproduction et de la stabilité familiale. Ces unions reposent sur des attentes rigides, où chacun est supposé s'engager avec une seule personne de sexe opposé pour la vie.

En s'attardant sur la question de l'hétérosexualité, érigée en norme dominante, il apparaît qu'elle s'impose comme le fondement des relations amoureuses et familiales.

Pourtant, cette vision uniforme de l'amour et du désir ne reflète pas la diversité des expériences humaines Ceux qui ne s'y conforment pas subissent souvent un rejet sociétal, les contraignant à une lutte incessante pour la reconnaissance de leurs droits et de leur légitimité.

En réduisant l'amour à des cadres rigides et en marginalisant les relations non hétérosexuelles, ces normes limitent l'exploration de la liberté affective. Elles entravent ainsi la capacité des individus à se découvrir pleinement et à s'épanouir dans des relations authentiques, en harmonie avec leurs désirs profonds.

Si nos corps sont le théâtre de l'identité et du désir, ils ne suffisent pas à traduire la complexité et la richesse de nos esprits. L'union véritable ne devrait pas se limiter à une rencontre physique, mais s'élargir à une connexion intellectuelle et émotionnelle. Comme l'écrivait Khalil Gibran dans Le Prophète, « *Chantez, dansez ensemble et soyez joyeux, mais laissez chacun de vous être seul, comme les cordes du luth sont seules, bien qu'elles frémissent de la même musique.* »

La monogamie, un autre pilier central des normes amoureuses, n'échappe pas non plus aux impositions systémiques qui influencent nos attentes et nos comportements. Souvent perçue comme la structure idéale pour une relation stable, elle repose sur l'idée d'un partenaire unique, censé répondre à une multitude d'attentes. Une telle ambition, bien que séduisante, peut sembler irréaliste, car elle place sur une seule personne le poids de combler l'ensemble des besoins sociaux, émotionnels et relationnels de son partenaire. Cette attente disproportionnée peut engendrer une dépendance excessive, rendant le couple vulnérable aux frustrations lorsque certains de ces besoins restent insatisfaits.

Cette exigence dépasse même le cadre de la relation, car l'amour, tel qu'il est conçu dans les sociétés modernes, doit être total et absolu. Olivia Gazalé qualifie cela de "tyrannie de la totalité", une vision de l'amour qui impose à la relation d'incarner à la fois la passion et le bonheur, l'intensité et la durée, l'érotisme et la confiance, l'épanouissement personnel et le partage, la complicité et l'indépendance, ainsi que la famille et la liberté.

Personnellement, j'ai toujours trouvé paradoxal de chercher cette "femme parfaite" capable de remplir simultanément tant de rôles. Mon cercle d'amis, que j'ai patiemment construit sur plus de vingt ans, illustre bien cette complexité. Chacun d'entre eux apporte une dimension unique à mon équilibre, formant ensemble une "amitié idéale".

Pourtant, dans le cadre d'une relation amoureuse, on attend qu'une seule personne puisse concentrer toutes ces qualités. Ce processus est souvent précipité, limité par la pression sociale d'un engagement rapide, et laisse peu de place à l'exploration ou à l'erreur. Cette exigence m'a toujours semblé démesurée, car elle impose à une relation naissante de porter un fardeau bien supérieur à ce qu'elle peut réellement supporter. En outre, l'exclusivité qui définit la monogamie implique pour chacun une renonciation tacite à d'autres expériences amoureuses ou sociales, un choix souvent perçu comme un acte de dévotion et de responsabilité.

Cependant, ce sacrifice peut également être vécu comme une limitation de la liberté individuelle, suscitant une tension entre l'engagement et le désir d'autonomie.

Cette dualité, entre le désir d'un lien profond et la quête de liberté, est au cœur de nombreuses réflexions et pensées philosophiques. Des philosophes comme Jean-Paul Sartre ont exploré cette tension, soulignant que tout engagement implique un renoncement. Sartre voyait la liberté comme un état fondamental de l'être humain, mais reconnaissait que cette liberté est souvent limitée par les choix que nous faisons. En choisissant de s'engager avec une seule personne, on accepte de limiter ses options, ce qui peut mener à une sorte d'aliénation. Simone de Beauvoir, dans ses écrits sur l'amour et la relation, a également abordé ce dilemme, en mettant en évidence que l'amour peut devenir une prison si l'individualité et l'indépendance de chaque partenaire ne sont pas respectées.

Pour d'autres penseurs, l'engagement n'est pas une entrave à la liberté, mais plutôt une manière de l'exercer pleinement. En faisant un choix conscient de partager sa vie avec une autre personne, on donne un sens à sa liberté, en la transformant en un projet commun. Ainsi l'engagement devient une expression d'autonomie, où les individus transcendent leurs intérêts personnels pour bâtir une union basée sur des valeurs partagées et un avenir commun.

En réaction aux modèles traditionnels imposés, de nouvelles formes de relations ont émergé, telles que l'amour communautaire, qui redéfinit les liens en les ancrant dans un esprit de coopération et de partage.

Cette approche, bien qu'elle puisse sembler idéalisée, repose sur la valorisation des forces individuelles et la contribution de chacun, permettant à tous de se concentrer sur leurs talents et passions. Inspiré par certaines structures tribales, ce modèle évoque un système où les rôles sont distribués selon les aptitudes spécifiques, tout en réaffirmant l'importance du collectif. Ce fonctionnement harmonieux permettait à chacun de s'épanouir individuellement tout en renforçant la solidarité du groupe.

En revalorisant les talents individuels dans une perspective collective, ce modèle propose une alternative aux relations traditionnelles en plaçant la complémentarité au centre. Il invite à repenser les relations non pas comme des cadres contraignants, mais comme des espaces d'expression, d'entraide et de respect mutuel, où chacun peut s'épanouir tout en contribuant à un projet commun plus vaste.

En explorant de telles idées, il devient possible de réimaginer des formes de relations qui correspondent mieux aux réalités contemporaines et aux aspirations singulières. Ces perspectives offrent des alternatives légitimes pour construire des vies riches de sens et stables, tout en intégrant la diversité des expériences humaines et les besoins uniques de chacun.

Certaines initiatives modernes, comme les éco-villages ou les communautés intentionnelles, expérimentent déjà des dynamiques collectives centrées sur la coopération et la valorisation des talents uniques. Ces exemples illustrent comment un fonctionnement communautaire peut créer un équilibre entre l'épanouissement personnel et une harmonie partagée, en intégrant pleinement la diversité des compétences et des passions.

Ainsi, se frayer un chemin entre les attentes sociales et nos aspirations personnelles est un défi universel, mais c'est aussi une opportunité pour émanciper l'amour des entraves imposées par les systèmes, pour en redécouvrir l'essence.

Loin des conventions figées, l'amour, par sa nature imprévisible, demeure l'une des rares expériences capables de transcender les normes. Surgissant là où on ne l'attend pas, il peut tout autant disparaître sans prévenir. C'est précisément cette complexité et cette spontanéité qui lui permettent d'échapper au contrôle des systèmes, malgré leurs tentatives pour l'enfermer dans des cadres rigides.

Avec sa dimension éphémère et insaisissable, l'amour défie toute tentative de rationalisation ou de systématisation. Il nous invite à imaginer des relations où liberté et authenticité priment, réaffirmant que l'essence de l'humanité réside dans notre capacité à aimer sans limites, à explorer l'inconnu et à valoriser la richesse de nos différences. Comme l'écrivait Khalil Gibran dans Le Prophète, « *L'amour n'a point d'autre désir que de s'accomplir lui-même.* »

L'apparence sous pression

Réappropriation des corps objets

Chapitre 5

Depuis les premières sociétés, le corps a toujours servi de marqueur d'appartenance et d'identité. Loin d'être une expression libre de notre individualité, nos apparences sont endoctrinées par des standards extérieurs que nous intégrons inconsciemment.

En cela, nos corps deviennent des reflets de systèmes qui, finement, modèlent notre rapport à nous-mêmes et aux autres. Comme l'a souligné Pierre Bourdieu « *Le corps est dans le monde social, mais le monde social est aussi dans le corps.* »

Les rôles genrés, déjà explorés dans le chapitre précédent, s'inscrivent dans cette logique, influençant nos trajectoires dès l'enfance. Ces attributions, qui assignent des attentes spécifiques selon le sexe, façonnent non seulement nos comportements, mais aussi la manière dont nous percevons et habillons nos corps, dictées par des codes culturels et des normes visuelles.

Sous l'apparence de choix personnels, ce contrôle intériorisé découle d'une culture du bien-être et de la performance corporelle, orchestrée par des institutions qui ont su remplacer l'amour de soi par l'amour-propre. Là où l'amour de soi est naturel, transparent et immédiat, l'amour-propre est artificiel, opaque et médiatisé par le jugement des autres.

Ce glissement alimente des sentiments de jalousie, de possessivité et d'égoïsme, transformant les interactions humaines en un jeu social de miroirs. Dans cette partie, chacun ne se sent exister qu'à travers le regard d'autrui, renforçant une dépendance aux validations externes.

Bien que les discours modernes valorisent la diversité corporelle et l'acceptation de soi, les industries de la mode, les médias et les conventions sociales maintiennent une domination subtile mais persistante. Exploitant habilement nos insécurités, elles amplifient nos besoins profonds d'identification, de reconnaissance et d'appartenance, exerçant une pression constante à se conformer, et nous éloignant ainsi de ce qui fait notre unicité. Mais d'où proviennent ces besoins fondamentaux si intenses, qui tendent à diluer notre individualité ?

Façonné par des millénaires d'évolution, c'est notre instinct de survie qui nous pousse à l'intégration. Dans les sociétés primitives, l'exclusion représentait une menace directe, synonyme d'isolement et, de facto, de danger mortel. Bien que notre monde actuel soit plus prospère, cet héritage ancestral demeure profondément ancré. Il continue d'impacter nos comportements, nous incitant à privilégier l'acceptation sociale, parfois au détriment de nos aspirations ou de notre liberté personnelle.

Sous un angle scientifique, Albert Bandura, avec sa théorie de l'apprentissage social, explique comment nous observons et imitons les comportements valorisés par notre environnement. Parallèlement, Abraham Maslow, dans sa hiérarchie des besoins, situe l'appartenance sociale parmi les motivations fondamentales, juste après la sécurité.

Ces mécanismes nous plongent dans des contradictions complexes, nous balançons entre la nécessité de nous conformer aux attentes pour être acceptés et le désir de nous affirmer de manière plus authentique.

À cet effet, nous aspirons naturellement à nous identifier et à appartenir à un groupe, souvent manipulés par des critères esthétiques implicites, inatteignables et idéalistes. Ces pressions exercées sur l'apparence réduisent alors les corps à des objets à conformer, dictant des normes étroites et irréalistes. Comme le souligne Olivia Gazalé avec justesse, « *Dans une culture où l'on demande à la femme de ressembler à une poupée, pas étonnant qu'on demande à une poupée de ressembler à une femme. En beaucoup mieux, d'après certains.* »

Rebondissant sur cette citation, il est intéressant de constater qu'à l'origine, les poupées représentaient des versions simplifiées et rudimentaires de l'humain, plus proches de peluches symbolisant l'enfance et l'innocence. Puis, avec l'arrivée de Barbie dans les années 1950, elles se sont métamorphosées en icônes d'une féminité glorifiée.

Aujourd'hui, ironiquement, ce n'est plus la poupée qui cherche à ressembler à l'humain, mais l'inverse. Ce renversement démontre de l'emprise des systèmes sur nos corps, transformant des idéaux en exigences, souvent au mépris des vérités biologiques.

L'émergence des réseaux sociaux a encore amplifié ce mimétisme en diffusant massivement des photos de perfection, mais foncièrement tronquées. Sublimés par des retouches, les mannequins et influenceurs propagent des standards de beauté inaccessibles, accentuant une déconnexion avec la réalité. Les filtres numériques, omniprésents, modifient instantanément visages et corps pour les adapter à des idéaux fictifs. Ce jeu de transformation, conçu pour embellir ou divertir, impose une norme uniforme où les imperfections disparaissent systématiquement. Progressivement, à force de se voir à travers ces reflets déformés, beaucoup en viennent à ne plus se reconnaître, entraînant un profond mal-être, accompagné de troubles identitaires, alimentaires, dysmorphiques et d'une anxiété accrue liée à l'image de soi.

Si les filtres subliment une photo, que dire de l'arrivée récente de l'intelligence artificielle, qui ne se limite plus à améliorer une base réelle, mais crée de toute pièce des êtres imaginaires, prétendument parfaits ? Cette évolution soulève une question : sera-t-il seulement possible, ou même souhaitable, de transformer nos corps pour correspondre à ces visions artificielles ? Et à quel prix ?

Lorsque je regarde les photos de jeunesse de mes parents, empreintes d'une authenticité brute, et les compare à celles retouchées par des filtres ou même générées par l'intelligence artificielle, je ne peux m'empêcher de m'interroger sur la direction que nous empruntons.

Si ces technologies orientent notre avenir, la chirurgie esthétique redessine notre devenir. Autrefois réservée aux interventions réparatrices, elle s'est transformée en une industrie florissante. Augmentations mammaires, remodelages corporels ou liftings sont désormais monnaie courante, alimentés par une quête perpétuelle de perfection et de jeunesse.

Particulièrement touchées, les femmes ont normalisé ces interventions, les considérant comme requises pour répondre aux exigences d'un système exploitant sans relâche leurs insécurités. Dans son essai *Le Deuxième Sexe*, Simone de Beauvoir relevait déjà que les normes corporelles imposées aux femmes sont bien plus contraignantes que celles pesant sur les hommes. Cette pression sociale, historiquement ancrée, associe leur valeur à leur apparence physique, perçue comme le reflet de leur jeunesse et de leur fécondité.

Les représentations culturelles, médiatiques et publicitaires ont renforcé l'idée que la beauté féminine est un critère indispensable de réussite sociale et affective. Ces attentes influencent non seulement la façon dont les femmes sont perçues par les autres, mais altèrent également leur propre regard sur elles-mêmes.

Autrefois moins concernés, les hommes font désormais face à des attentes similaires, notamment avec l'essor du culte du corps musclé et sculpté. Des figures influentes, issues du culturisme et des réseaux sociaux, véhiculent l'idée qu'un homme accompli doit afficher une silhouette athlétique, symbole perçu de masculinité et de virilité. Cette pression pousse de nombreux jeunes à se conformer à ces modèles, souvent au détriment de leur santé physique et mentale, que ce soit par l'usage de stéroïdes, un entraînement excessif ou une obsession malsaine de leur morphologie.

Telle une pâte à modeler, nos corps sont sans cesse modelés pour satisfaire aux codes visuels. Cette dynamique, analysée par philosophes et sociologues, montre comment l'apparence physique devient un enjeu central de pouvoir et de contrôle.

Jean Baudrillard, philosophe et sociologue français, a souligné que nos corps, dans une société de consommation, sont devenus des objets à exhiber et des marchandises à valoriser, où l'attrait physique se transforme en un support de communication, dominé par le paraître au détriment de l'être. Michel Foucault complète cette analyse en explorant comment les sociétés modernes exercent un contrôle subtil sur les corps, en les transformant à la fois en objets de surveillance et en lieux d'application du pouvoir. Ce contrôle ne s'impose pas directement, mais fonctionne à travers des dynamiques de discipline et de normalisation, poussant les individus à s'auto-surveiller, à ajuster leur comportement et à conformer leur apparence aux restrictions sociales. Slavoj Žižek, quant à lui, décrit ce phénomène comme le reflet d'une société de contrôle, où la liberté individuelle n'est qu'un mirage.

Ainsi, loin de libérer nos corps, la société contemporaine les enferme dans de nouvelles contraintes, réduisant notre apparence à un projet à optimiser. Les choix que nous croyons personnels sont en réalité dictés par des normes intériorisées, imposées par des systèmes sociaux puissants et omniprésents.

Pourtant, certaines figures et mouvements revendiquent avec force le droit à l'authenticité corporelle, rappelant que la véritable émancipation réside dans l'acceptation de soi plutôt que dans la soumission aux codes et normes visuelles.

Par exemple, Lizzo, artiste et militante contemporaine, célèbre son corps tel qu'il est à travers sa musique et ses prises de parole. En défiant les standards traditionnels de beauté, elle revendique l'acceptation de soi et inspire des milliers de personnes à embrasser leur authenticité corporelle, indépendamment des jugements sociaux.

Des mouvements contemporains poursuivent cette quête d'authenticité, comme *I Weigh*, qui invite à redéfinir la valeur des individus à travers leurs réalisations et qualités intérieures plutôt qu'en fonction de leur apparence. Ce mouvement milite pour une vision inclusive et positive du corps, s'opposant aux standards irréalistes amplifiés par les réseaux sociaux. De même, le mouvement *Body Positivity* célèbre la diversité corporelle en rejetant les normes dominantes. Enfin, le *No Make-Up Movement* valorise la beauté naturelle, incitant à s'affranchir des attentes imposées par le maquillage.

Ces exemples nous encouragent à remettre en question les normes établies et à envisager des moyens plus conscients de nous réapproprier notre corps. Plutôt que de simplement rejeter les codes dominants, ils ouvrent la voie à une introspection profonde sur les attentes que nous avons inconsciemment intégrées, afin de nous reconnecter à nos sensations et à nos besoins réels, et ainsi cultiver un lien plus sincère et authentique avec nous-mêmes.

L'exploration de représentations alternatives dans les médias et sur les réseaux sociaux constitue également une voie prometteuse. En mettant en avant des contenus valorisant la diversité, il devient possible de déconstruire les standards établis et de redéfinir nos perceptions de la normalité et de la beauté. Par ailleurs, le dialogue et la solidarité jouent un rôle primordial. Partager ses expériences et ses questionnements au sein de communautés, qu'elles soient en ligne ou en présentiel, contribue à briser l'isolement engendré par la pression sociale. Ces espaces de soutien renforcent la confiance en soi et nourrissent une résistance collective face aux attentes imposées.

Ces démarches marquent les premiers pas vers une libération corporelle, non par défiance, mais par réappropriation et affirmation de soi. Retrouver l'amour de soi, en contraste avec l'amour-propre évoqué en début de chapitre, c'est renouer avec une essence naturelle, source des grandes vertus. Cet amour authentique alimente des élans de bonté, des passions sincères et une générosité spontanée. Il permet de transcender les artifices imposés par les normes sociales et d'exister pleinement, libéré des jugements.

En adoptant une réflexion critique et des pratiques axées sur notre bien-être personnel, nous pouvons réapprendre à vivre avec nos corps de manière plus épanouie. Comme le soulignait Simone de Beauvoir, « *On ne naît pas femme, on le devient.* »

Cette pensée éclaire la réalité d'un rapport au corps en constante évolution, modelé par les pressions sociales, mais aussi par notre volonté de transformation et de liberté.

PARTIE 2

Des contraintes vers l'audace de réinventer notre réalité

"Le progrès ne consiste pas à améliorer ce qui est, mais à inventer ce qui n'a jamais été."

— François-René de Chateaubriand

Entreprendre sa liberté

S'élever au-delà des structures établies

Chapitre 6

Cette première partie du livre a exploré de manière assez critique comment nos dimensions internes et externes s'entrelacent sous l'influence des cadres sociaux et culturels.

À présent, il est temps de s'interroger sur les moyens d'échapper à ces cloisonnements pour tracer un chemin plus aligné avec nos aspirations profondes. Parmi les différentes voies possibles, j'aimerais mettre en avant l'entrepreneuriat, qui pour moi, s'est imposé comme une réponse naturelle face aux impositions systémiques.

À travers les étapes marquantes de mon parcours, de l'éducation au monde professionnel en passant par les attentes familiales, cette orientation s'est révélée être une alternative libératrice face aux pressions qui, peu à peu, étouffaient mon essence et mon épanouissement.

En revisitant ces cumuls de contraintes, je constate que l'uniformisation des institutions éducatives a planté en moi une première graine de doute. Les systèmes scolaires, en privilégiant la conformité au détriment de l'exploration créative, ont instauré un cadre rigide où la pensée divergente trouvait peu d'espace pour s'exprimer. L'exemple évoqué dans le premier chapitre, avec l'addition 3+3=6, illustre bien ce conflit. Bien qu'il s'agisse d'une vérité mathématique indiscutable, cette approche rigide symbolise l'absence de place pour des perspectives alternatives ou des façons moins conventionnelles d'appréhender les concepts.

Ce doute s'est renforcé lors de mon parcours universitaire en économie. Ce choix, fortement influencé par mon père pour des raisons déjà évoquées, semblait offrir la promesse d'une ascension sociale et d'une réussite financière, deux critères valorisés dans une société où statut et richesse sont perçus comme les plus hautes formes de réussite. Pourtant, ce chemin n'a fait qu'accentuer en moi un sentiment de déconnexion. Bien qu'il paraisse attrayant sur le papier, cette voie n'était pas véritablement la mienne, mais plutôt une direction imposée, rassurante et facile à emprunter.

En entrant dans le monde professionnel, j'ai néanmoins compris l'importance de ce parcours balisé. Il m'a permis d'obtenir des diplômes reconnus, indispensables pour accéder à un premier emploi, où ces qualifications étaient des prérequis incontournables. Mais cette étape, loin de m'apporter une satisfaction durable, a renforcé mon inconfort. J'ai découvert un univers marqué par des structures hiérarchiques rigides, où les idées neuves étaient accueillies avec méfiance, et où les cadres semblaient fermement attachés à des processus établis, limitant toute forme de remise en question ou d'innovation.

Cette continuité entre l'éducation et le monde professionnel révèle une logique implacable : les systèmes semblent conçus pour produire des individus standardisés, parfaitement adaptés à des fonctions prédéfinies.

Ces structures, héritées des habitudes scolaires, perfectionnent ce que l'on pourrait qualifier de "l'art de rester à sa place". Sur les chaises des pupitres, comme sur les bancs des universités, on apprend à écouter, à suivre, et rarement à questionner.

Le monde professionnel en devient une simple extension, avec ses chaises de bureau, où l'immobilité et la docilité sont érigées en valeurs. Sommes-nous donc formés, dès notre plus jeune âge, à bien rester assis sans jamais bouger ?

Enfin, la récente séparation de mes parents, après plus de trente-six années de mariage, a ébranlé ma dernière croyance. Lorsque cette cellule familiale, que je considérais comme inébranlable, s'est effondrée, j'ai réalisé que même les fondations les plus solides pouvaient vaciller. Ce dernier rempart des systèmes auxquels j'avais encore foi venait de tomber, révélant que l'imperfection est une composante intrinsèque de toute réalité humaine.

Loin de me briser, cette prise de conscience m'a libéré. J'ai compris qu'il n'était plus nécessaire de m'efforcer de correspondre à une image idéalisée au sein des structures existants.

En acceptant cette imperfection, autant en moi-même que chez les autres, j'ai pu amorcer la recherche de ma propre voie, affranchi des stéréotypes et exigences préétablies.

Ces expériences, interconnectées et agrégées, m'ont ainsi conduit à explorer l'entrepreneuriat. Revenant à son étymologie latine, *inter prehendere,* entreprendre signifie littéralement "saisir avec la main". À l'origine, ce terme reflétait l'idée de prendre en main quelque chose pour en obtenir la maîtrise.

Dans cette logique, l'entrepreneuriat est devenu mon moyen de me réapproprier mon univers intérieur, mieux aligné avec mon essence profonde. Loin des parcours balisés dictés par les systèmes traditionnels, cette voie m'a offert la possibilité de reprendre ma vie en main, en conjuguant raison, émotion et action.

Ce cheminement, jalonné d'expérimentations, d'échecs et de réajustements, m'a enrichi de nombreux enseignements. Ce processus, à la fois exigeant et libérateur, m'a permis de mieux cerner mes aspirations personnelles et de m'épanouir en dehors des sentiers tracés. En cela, l'entrepreneuriat est devenu une forme d'introspection en mouvement, un voyage au cours duquel on se découvre, s'égare, se relève, et se réinvente continuellement par l'action.

L'univers du digital a été ma porte d'entrée dans cette aventure. Avec ses barrières à l'entrée faibles, il a constitué une première étape dans ma quête personnelle d'émancipation.

Plus tard, l'écriture de ce livre a marqué une seconde étape dans ce cheminement vers une plus grande authenticité. Ce projet, nourri par une passion de longue date pour la philosophie, a été une opportunité précieuse pour réfléchir sur la condition humaine et sur ma propre place dans le monde.

Née d'une frustration, l'action d'entreprendre est alors devenue mon acte de résistance face aux limites imposées, une expression de mon désir de liberté et un moyen de me reconnecter à ce qui donne du sens à ma vie. Plus qu'une simple activité, c'est une façon de laisser une empreinte qui m'appartienne, en dehors des cadres préétablis.

En s'attardant sur ce sentiment de frustration, on découvre qu'il peut devenir une source d'énergie et de détermination pour se dépasser et accomplir de belles choses. De nos insatisfactions naissent les plus grands progrès.

Ce ressenti est à l'origine de nombreuses réalisations de figures emblématiques comme Elon Musk, qui, frustré par le manque de progrès en exploration spatiale, a fondé SpaceX pour repousser les limites de l'industrie aérospatiale. Howard Schultz, quant à lui, a bâti Starbucks pour répondre à sa frustration liée au manque de lieux conviviaux favorisant les rencontres et les échanges.

Ces exemples montrent que la frustration, loin d'être un obstacle, peut devenir un moteur puissant pour dépasser les limites et concrétiser ses idées. Cependant, le chemin entre une idée et sa concrétisation, voire sa réussite, est rarement linéaire. L'échec s'invite souvent comme un compagnon de route incontournable. Loin de marquer une fin, il constitue une étape nécessaire du parcours entrepreneurial, forgeant des compétences et enrichissant l'expérience. Comme l'avait si bien exprimé Winston Churchill, « *Beaucoup rêvent de succès. À mon sens, le succès ne peut être atteint qu'après une succession d'échecs et d'introspections. En fait, le succès représente 1 % de votre travail qui comporte, lui, 99 % de ce qu'on peut appeler échec.* »

L'échec n'est donc pas une faiblesse, mais une étape nécessaire vers le succès. Chaque revers, aussi inconfortable soit-il, offre l'occasion de se réajuster, de renforcer ses aptitudes et de se rapprocher de ses objectifs. Contrairement à un CV classique, qui valorise les réussites académiques ou professionnelles, l'entrepreneur met en avant ce qu'il a appris de ses échecs. Ces expériences deviennent les pierres angulaires de son parcours, le rapprochant de la réussite à chaque tentative.

Prenons un exemple : imaginez deux idées, A et B. Plutôt que de perdre des semaines à analyser laquelle serait la meilleure, l'entrepreneur passe directement à l'action. Il suit son instinct, teste l'idée A, et observe les résultats. Si cela fonctionne, il continue dans cette direction. Si cela échoue, il pivote rapidement vers l'idée B. Cette approche, fondée sur l'expérimentation et l'adaptabilité, permet de gagner un temps précieux et d'apprendre plus vite. Là où certains restent paralysés par l'hésitation ou la peur de l'échec, l'entrepreneur accepte l'incertitude et avance avec détermination. Loin d'être une impasse, l'échec devient un puissant accélérateur d'apprentissage, rapprochant chaque tentative un peu plus du succès.

Malheureusement, dans de nombreuses cultures occidentales, l'échec est souvent perçu comme une faiblesse ou un signe d'incompétence. Au Japon, cette perception est encore plus accentuée, où l'échec est associé à une profonde honte, dissuadant ainsi les individus de prendre des risques ou de s'engager dans des projets entrepreneuriaux. Cette mentalité s'exprime à travers des phrases comme « Je n'ai pas réussi, alors pourquoi toi ? », une vision qui perpétue la peur de l'échec et freine l'innovation.

En revanche, aux États-Unis, l'échec est davantage accepté comme une étape naturelle sur le chemin de la réussite, grâce à une mentalité axée sur l'action et la persévérance, souvent appelée *can-do attitude*. Le slogan emblématique de Nike, *Just Do It*, illustre parfaitement cet état d'esprit, encourageant chacun à agir sans crainte des revers. La perspective change alors : « Je n'ai pas réussi, mais peut-être que toi, tu y arriveras », reflétant un esprit de soutien et d'encouragement.

Ces contrastes culturels soulignent l'importance de transformer notre perception de l'échec. Loin d'être une fin, chaque revers doit être appréhendé comme une leçon, devenant une véritable école de vie.

Pour ma part, l'échec s'est rapidement immiscé dans mes débuts. Que ce soit lors du lancement de produits qui n'ont pas trouvé leur marché ou dans des collaborations qui ne se sont pas déroulées comme prévu, chaque échec m'a appris quelque chose. Loin de m'éloigner de mes objectifs, ils m'ont permis de m'en rapprocher en ajustant mes stratégies et en affinant ma compréhension des défis. Avec le temps, j'ai appris à percevoir l'échec non pas comme un obstacle, mais comme une étape inhérente au périple. Cette perspective le rend plus supportables et lui donne un sens, celui d'un apprentissage continu. Comme le soulignait Winston Churchill, « *Le succès, c'est aller d'échec en échec sans perdre son enthousiasme.* »

De manière ironique, Google n'hésite pas à mettre en avant son "cimetière des projets", où reposent des initiatives coûteuses comme Google+, Google Print ou Google Hangouts. Pourtant, ces échecs n'ont pas freiné son élan. L'enseigne continue d'innover et de se réinventer, démontrant qu'il est possible de tirer parti de ses loupés sans compromettre sa croissance.

Ce n'est pas parce qu'on perd une bataille qu'on a perdu la guerre, comme le dit le dicton. Au contraire, cela témoigne d'une grande résilience, qui est l'essence même de l'entrepreneuriat. Notre ami helvétique, Roger Federer, illustre parfaitement cette vision dans l'un de ses discours à l'université de Dartmouth : « *Sur les 1.526 matchs que j'ai disputés en simple dans ma carrière, j'en ai gagné presque 80%. Maintenant, j'ai une question pour vous : vous pensez que j'ai gagné quel pourcentage de points dans ces matchs ? Seulement 54%. La vérité, c'est que, peu importe le match que vous jouez dans la vie, vous allez parfois perdre.* » Même les plus grands champions doivent faire face aux revers, et pas seulement ceux qu'ils exécutent sur le court.

De son côté, Marc Simoncini, fondateur de Meetic, une plateforme de rencontre en ligne, nous rappelle la réalité du quotidien entrepreneurial. Chaque jour apporte son lot de défis, et il faut constamment faire preuve de détermination pour maintenir son entreprise à flot. Comme il l'a si bien exprimé : « *Quand tu crées une boîte, tu passes ta vie à la ramener à la vie.* »

En définitive, qu'il s'agisse de figures du sport, de géants de la technologie ou d'entrepreneurs visionnaires, ces exemples montrent que l'échec, bien qu'incontournable, tend à se répéter.

Pourtant, cette récurrence forge la résilience tout en affinant l'intuition. Bien plus qu'un simple instinct, l'intuition se révèle être une véritable boussole intérieure. Naviguer avec cette capacité, c'est faire confiance à ce que nous avons appris tout en restant ouverts aux opportunités que chaque moment nous offre. Loin d'être une réaction instinctive, l'intuition est une synthèse dynamique, une alchimie entre nos expériences et notre présence. Elle nous invite à explorer de nouveaux chemins avec confiance et clarté. Comme l'a exprimé Steve Jobs dans son célèbre discours à Stanford en 2006, « *Et le plus important, ayez le courage de suivre votre cœur et votre intuition. Ils savent déjà, d'une certaine façon, qui vous voulez vraiment devenir. Tout le reste est secondaire.* »

Après avoir exploré l'entrepreneuriat sous toutes ses facettes, il est temps de réfléchir à la manière de l'intégrer. Loin d'être réservé à une élite ou à des projets ambitieux, entreprendre, au sens de son étymologie, est accessible à chacun.

Pour cela, il suffit de s'y engager avec authenticité et persévérance. L'action d'entreprendre peut naître d'une idée simple, d'une frustration ou d'une passion. Ce qui importe avant tout, c'est de passer à l'action, d'aligner sa vision et de donner un sens à chaque geste accompli. Comme le souligne Nicolas Belnou, « *On ne naît pas entrepreneur, on le devient.* »

Si je peux vous apporter un conseil, c'est de commencer avec un projet qui émane d'une passion. Identifier ce qui vous anime profondément permet de concevoir des projets portés par une motivation intrinsèque, capable de résister aux défis les plus exigeants. Contrairement à un travail exercé par obligation pour subvenir à des besoins, agir avec passion, par choix, transforme les efforts en plaisir et donne une nouvelle dimension à l'engagement. Finalement, l'argent, souvent perçu comme une finalité, devient une conséquence d'un travail imprégné d'enthousiasme et du désir continuel de progresser.

Développer cette fibre entrepreneuriale, nourrie par la passion, pourrait même commencer dès l'enfance, en s'appuyant sur des intérêts comme le dessin, l'écriture ou même les jeux vidéo.

Ces activités, souvent perçues comme de simples loisirs, peuvent en réalité poser les bases d'un état d'esprit entrepreneurial.

Dans mon expérience, les jeux vidéo ne m'ont pas seulement diverti, mais ils m'ont aussi permis d'assimiler des leçons de vie qui se révèlent aujourd'hui précieuses dans mon parcours. Des jeux tel que les MMORPG (Massively Multiplayer Online Role-Playing Games), à l'instar de World of Warcraft, inculquent des notions de collaboration, de gestion des ressources et de persévérance. Ces univers virtuels, bien que fictifs, cultivent des compétences transposables dans la réalité. Il n'est donc pas surprenant que de nombreux entrepreneurs aient souligné l'impact de ces expériences virtuelles sur leur capacité à naviguer dans le monde adulte.

En s'appuyant sur leurs passions, les enfants peuvent développer de manière ludique des compétences applicables au monde professionnel. Initier cette démarche dès le plus jeune âge, c'est leur offrir, potentiellement, des outils clés pour bâtir leur avenir avec créativité, confiance et résilience.

En fin de compte, l'action d'entreprendre dépasse la simple concrétisation d'un projet. Loin de son interprétation économique, souvent réduite à l'acte de conquérir un marché, c'est un acte d'affirmation personnelle. C'est une manière de transformer une idée en réalité et de donner vie à des aspirations profondément enracinées. Cette démarche ne vise pas à défier frontalement les systèmes, mais plutôt à les détourner en leviers pour se libérer et se réaliser pleinement.

Appliqué à une perspective nietzschéenne, entreprendre incarne une quête de maîtrise de soi. Il ne s'agit pas tant de dominer un marché, mais de reprendre possession de sa vie pour la façonner en harmonie avec ses convictions et aspirations profondes. Comme le disait Friedrich Nietzsche, « *La liberté ne consiste pas à faire ce que l'on veut, mais à devenir ce que l'on est.* »

Cette quête d'authenticité et d'accomplissement personnel trouve peut-être sa plus belle expression dans l'entrepreneuriat. En empruntant ce chemin, chacun est invité à transformer ses rêves en réalité et à réinventer sa vie en accord avec ses valeurs.

Mon conseil : osez-vous lancer, même si vous n'avez pas toutes les réponses, même si la peur de l'échec vous paralyse. Car ce n'est pas l'attente du moment parfait qui fera naître votre succès, mais le courage de faire le premier pas, aussi maladroit soit-il. L'action, même imparfaite, c'est ce qui distingue les rêveurs de ceux qui construisent leur destin. Chaque erreur devient une leçon, chaque défi vous renforce, et chaque pas vous rapproche un peu plus de l'accomplissement que vous méritez. Vous êtes capable de bien plus que vous ne l'imaginez, mais pour le découvrir, il faut oser sortir de votre zone de confort, briser les chaînes du doute, et vous lancer avec audace dans l'inconnu. Rappelez-vous, la maîtrise ne précède pas l'action, elle en est le fruit.

Enfin, posez-vous cette ultime question, celle qui a su profondément résonner en moi : préférez-vous réussir *dans* la vie ou réussir *votre* vie ?

L'entrepreneuriat transformatif

De la soi à l'impact collectif

Chapitre 7

Dans le chapitre précédent, nous avons vu comment l'entrepreneuriat peut devenir un levier puissant d'émancipation. En s'affranchissant des contraintes imposées par les systèmes, il permet à chacun de retrouver une part de liberté, mieux alignée avec ses convictions et ses aspirations profondes.

Néanmoins, l'entrepreneuriat dépasse la simple quête personnelle. Il participe à la construction d'une société plus ouverte, où chacun peut transformer ses passions en projets porteurs de sens. Véritable moteur de mutation sociale, il redéfinit les structures établies et génère des impacts positifs à l'échelle mondiale. À travers leurs actions, certains entrepreneurs visionnaires ont non seulement changé des vies, mais également fédéré des communautés autour de valeurs partagées, posant les bases d'un progrès collectif.

En misant sur la coopération locale et l'innovation sociale, certaines initiatives ont su conjuguer pérennité et dignité, plaçant les bénéficiaires au centre du processus pour lutter contre les inégalités.

Par exemple, le concept *One for One* de TOMS Shoes, lancé par Blake Mycoskie, offre une paire de chaussures à un enfant dans le besoin pour chaque paire vendue. Ce modèle communautaire a permis de bâtir une entreprise prospère tout en sensibilisant à la responsabilité sociale des entreprises. De manière similaire, Anshu Gupta, fondateur de Goonj, a mis en place une initiative qui réutilise des vêtements usagés pour répondre aux besoins des populations défavorisées, tout en les impliquant dans des projets de développement local. De son côté, Muhammad Yunus, à travers la Grameen Bank, a introduit le microcrédit, une innovation qui a transformé la vie de millions de personnes au Bangladesh. En donnant aux femmes marginalisées les moyens de lancer leurs propres entreprises, il a contribué à réduire la pauvreté, à améliorer les conditions de vie et à renforcer l'inclusion économique.

Ces exemples montrent que chaque citoyen peut devenir un acteur du changement en s'érigeant en entrepreneur de sa propre société, contribuant ainsi à des transformations profondes et durables.

L'esprit entrepreneurial et les valeurs qu'il véhicule ont aussi le pouvoir de transformer nos habitudes de consommation et nos attentes envers les entreprises. En intégrant des principes tels que la durabilité et la responsabilité collective, cet état d'esprit ne se limite pas à modifier les produits et services que nous utilisons, mais influence aussi nos comportements et redéfinit notre perception des enjeux environnementaux.

En s'appuyant sur ces principes, Yvon Chouinard, fondateur de Patagonia, a réorienté les attentes des consommateurs envers les entreprises. En encourageant la réparation des vêtements pour réduire la consommation et le gaspillage, il a sensibilisé le public à des pratiques plus responsables et respectueuses de l'environnement. Par ailleurs, des petites entreprises innovantes, souvent ignorées des médias, ont également initié des changements à l'échelle locale.

Par exemple, des cafés "zéro déchet" ont vu le jour un peu partout, incitant les consommateurs à apporter leurs propres contenants et réduisant ainsi l'utilisation du plastique. Enfin, les plateformes de financement collaboratif comme Kickstarter ont permis de soutenir des projets transversaux en mobilisant des financements citoyens, des entreprises privées, et même des subventions publiques autour d'initiatives communes.

Cette approche collaborative favorise la création d'écosystèmes inclusifs et participatifs, amplifiant l'impact social et environnemental des projets soutenus. Dans cette dynamique, l'entrepreneuriat dépasse ses effets économiques pour devenir un puissant agent de mutation des normes sociales, des valeurs et des comportements. Il remet en question les paradigmes établis et propose de nouvelles façons de concevoir notre rapport au monde. En répondant à des problèmes collectifs majeurs, il ne se contente pas de remodeler les structures existantes, mais il transforme également les bénéficiaires en acteurs du changement. En mobilisant des communautés autour de valeurs partagées, il laisse un héritage durable, promouvant des systèmes plus inclusifs, justes et équitables.

En outre, les partenariats entre les secteurs public, privé, et associatif peuvent décupler l'impact social des initiatives entrepreneuriales. Par exemple, l'Alliance pour l'Eau et l'Assainissement en Afrique, qui allie entreprises privées, gouvernements, et ONG, est un modèle de collaboration réussie visant à résoudre des problèmes sociaux d'une étendue considérable.

Ainsi, les entrepreneurs ne doivent pas seulement s'efforcer de créer des entreprises prospères, mais également diffuser leurs visions au-delà des profits, en intégrant un impact social persistant. Cette mission s'applique à une multitude de secteurs tels que la santé, l'éducation, l'environnement et la technologie. Ces domaines offrent des terrains fertiles où l'innovation peut générer des améliorations tangibles et solides, contribuant à améliorer notre quotidien.

Dans le domaine de la santé, des innovations disruptives ont révolutionné l'accès aux soins. Par exemple, l'entreprise Zipline, utilise des drones pour livrer des fournitures médicales dans des zones rurales difficiles d'accès afin de garantir des soins de santé accessibles à des populations souvent oubliées.

Aujourd'hui, les avancées technologiques permettent même d'effectuer des diagnostics à distance, rendant les services médicaux accessibles dans les régions les plus isolées.

En matière d'éducation, La Khan Academy incarne parfaitement cette transmutation positive. Elle a permis à des millions d'étudiants dans le monde d'apprendre à leur propre rythme, en fonction de leurs intérêts et de leurs capacités, grâce à des leçons en ligne accessibles à tous. Ce modèle d'apprentissage, centré sur l'individu, rompt avec les systèmes éducatifs traditionnels qui, comme mentionné précédemment, sont souvent standardisés et incapables de répondre aux besoins spécifiques de chaque élève. Parallèlement, des plateformes comme Coursera et Udemy ont démocratisé l'accès à l'éducation en permettant à des personnes de tout âge de suivre des cours proposés par des universités prestigieuses, de manière flexible.

Dans le secteur de l'environnement, des entreprises comme Tesla ont bouleversé l'industrie automobile en introduisant des véhicules électriques à grande échelle. Ce changement a incité d'autres entreprises à innover dans la même direction.

Elon Musk, à travers Tesla et SolarCity, a non seulement contribué à rendre l'électrification des transports plus courante, mais aussi encouragé le développement de sources d'énergie durable. Ces avancées témoignent que l'entrepreneuriat peut influencer une industrie spécifique tout en transformant la conscience collective et les actions globales en faveur de la durabilité.

Le secteur de la technologie n'est pas sans reste. Il se distingue par sa capacité à remodeler nos interactions avec le monde. Jack Ma, avec Alibaba, a ouvert les portes du commerce mondial à des millions de petites entreprises locales, réduisant les barrières économiques et favorisant une inclusion élargie. De leur côté, des fintechs comme Stripe et PayPal ont redéfini la manière dont nous effectuons des transactions financières, rendant les paiements plus rapides, plus sûrs et accessibles, même pour les populations traditionnellement exclues du système bancaire classique.

Dernièrement, l'entrepreneuriat ne doit pas être uniquement considéré comme une réponse aux besoins contemporains, mais être reconnu comme une expression des valeurs humaines intemporelles.

En revisitant l'histoire, on découvre des figures emblématiques dont l'esprit entrepreneurial a marqué la société de manière significative, non seulement sur le plan économique, mais aussi en promouvant la justice sociale, les valeurs humaines et la quête de libération individuelle.

Souvent considéré comme un leader politique et spirituel, Mahatma Gandhi a incarné cet esprit à travers des initiatives économiques basées sur l'autosuffisance. Le mouvement de filage du khadi, par exemple, symbolisait la résistance à la domination coloniale britannique, tout en soutenant l'économie locale et en promouvant une justice sociale profondément ancrée dans les valeurs collectives.

De même, Florence Nightingale, reconnue comme la fondatrice de la profession infirmière, a incarné cet esprit entrepreneurial en transformant les structures de soins de santé de son époque. En établissant des écoles de formation pour les infirmières et en instaurant des pratiques hygiéniques révolutionnaires, elle a non seulement amélioré les soins, mais aussi redéfini le rôle de l'infirmière en tant que professionnelle indispensable.

Enfin, Marie Curie, dans sa quête de connaissances scientifiques, a adopté une démarche similaire en recherchant activement des financements pour ses recherches dans un contexte où les femmes étaient largement exclues du soutien institutionnel. Sa persévérance et son innovation ont non seulement révolutionné la science, mais aussi ouvert la voie à d'autres femmes, inspirant des générations à briser les barrières dans des domaines longtemps réservés aux hommes.

Ainsi, lorsqu'il est guidé par des valeurs humaines, l'esprit entrepreneurial peut générer un impact plus profond et durable que n'importe quelle action gouvernementale ou mesure politique. Quel que soit le secteur, qu'il s'agisse d'initiatives locales, d'entreprises sociales ou de modèles d'affaires novateurs, l'entrepreneuriat devient un puissant véhicule de transformation. Il transcende la sphère individuelle pour créer des systèmes porteurs de sens, enracinés dans des visions à la fois personnelles et collectives. Comme le disait Muhammad Yunus, « L'entrepreneuriat social n'est *pas seulement un moyen de faire des affaires, c'est une manière de changer le monde.* »

Renversement conceptuel
De l'individu vers de nouveaux systèmes

Chapitre 8

Après avoir exploré l'entrepreneuriat sous toutes ses formes et vertus, qui offre la possibilité de redéfinir nos interactions avec les systèmes et de nous affranchir de leurs limites, une réflexion plus large s'impose : et si l'individu n'était pas seulement un acteur évoluant dans des systèmes préexistants, mais un créateur de nouvelles structures ?

Plutôt que de percevoir l'individu comme une pièce ajustée à un puzzle systémique, pourquoi ne pas envisager un paradigme inversé ? Imaginer des structures qui émanent des individus eux-mêmes, où l'unicité et la diversité seraient placées au centre. Cette approche permettrait de concevoir des systèmes capables de refléter les besoins et aspirations spécifiques de chacun, tout en valorisant pleinement le potentiel humain dans toute sa richesse. Des systèmes nés des talents et des aspirations uniques, en rupture avec les cadres traditionnels, souvent imposés comme des modèles universels.

Cette vision pourrait, selon moi, avoir l'impact le plus significatif sur les institutions éducatives, car c'est ici que se façonnent les contours de notre avenir. C'est également dans ce cadre que nous pouvons découvrir et forger nos talents et intérêts, qui émergent de manière naturelle. Bien que certains modèles commencent à émerger, comme mentionné précédemment, la plupart des écoles restent encore basées sur un modèle "taille unique" qui ignore les différences individuelles.

Pourtant, chacun possède des forces, des passions, et des styles d'apprentissage qui lui sont propres. Ainsi, les systèmes scolaires devraient proposer des curriculums flexibles, des évaluations personnalisées et des environnements d'apprentissage évolutifs, permettant à chacun de mieux définir sa trajectoire. Cela contribuerait à dépasser la prééminence des systèmes de notation, souvent sources de comparaisons stériles et de catégorisations limitantes. Les enseignants assumeraient alors un rôle de guide, accompagnant les élèves dans la construction de leur propre chemin et l'exploration de leurs intérieurs, plutôt que de se limiter à la transmission de connaissances standardisées.

Ayant moi-même appris de manière autodidacte dans le domaine du digital, l'absence d'accompagnement s'est parfois révélée être un obstacle. Si cette liberté m'a permis d'avancer à mon propre rythme et de parcourir les thématiques qui m'intéressaient, elle m'a également confronté à des choix complexes et à des incertitudes que j'ai dû surmonter seul.

Cette expérience m'a conforté dans l'importance d'une approche éducative où les enseignants jouent un rôle clé en soutenant, orientant et éclairant les parcours personnalisés.

Cette expérience m'a aussi révélé la puissance de l'apprentissage par passion plutôt que par obligation. Comme évoqué, apprendre par passion rend le processus non seulement plus fluide, mais permet aussi de repousser ses limites. En me formant au gré de mes aspirations et envies, j'ai cultivé un enthousiasme qui m'a permis de dépasser les objectifs fixés par les systèmes traditionnels, tout en développant des compétences techniques et une compréhension approfondie.

À l'aube d'une nouvelle ère où la technologie est omniprésente, des outils novateurs émergent comme de puissants vecteurs de transformation, et l'intelligence artificielle (IA) occupe une place centrale. Grâce à son potentiel de personnalisation, d'optimisation et d'amplification, l'IA révolutionne déjà nos apprentissages tout en influençant profondément nos vies et nos sociétés. Dans un futur proche, on peut imaginer un système éducatif où chaque parcours serait entièrement personnalisé grâce à l'IA. Chaque élève pourrait bénéficier d'un tuteur virtuel capable de fournir des explications sur mesure, de s'adapter au rythme d'apprentissage de chacun et d'identifier des domaines d'étude alignés avec ses talents et ses intérêts personnels. Une telle approche placerait véritablement l'élève au cœur du processus éducatif, transformant l'éducation en une expérience profondément individualisée et inclusive.

Cette vision peut également s'étendre au monde du travail. Grâce à l'IA, il devient possible de concevoir des environnements professionnels plus flexibles, capables de répondre aux besoins des employés tout en favorisant un équilibre harmonieux entre satisfaction et productivité.

À l'avenir, des plateformes intelligentes pourraient analyser les compétences et les aspirations des individus pour les orienter vers des rôles parfaitement adaptés à leur profil, transformant ainsi notre manière d'appréhender le travail et les carrières.

Au-delà de sa capacité à personnaliser nos expériences dans le domaine de l'éducation ou du travail, l'IA agit comme une véritable extension de notre potentiel, nous offrant la possibilité d'aller plus loin que jamais. Les tâches autrefois complexes ou réservées à des experts deviennent accessibles, redéfinissant ce que nous pouvons accomplir par nous-mêmes. Avec cette technologie, nos limites semblent disparaître, laissant place à un éventail infini de possibilités. C'est à nous de choisir où mettre notre énergie et quelles directions emprunter.

L'écriture de ce livre en est un exemple. Longtemps imaginé mais difficile à structurer, ce projet a pris vie grâce à l'IA. En m'aidant à organiser et structurer mes réflexions, elle s'est révélée être un véritable catalyseur, me permettant de surmonter mes blocages et de concrétiser un rêve longtemps enfoui.

Cet exemple illustre comment l'IA peut devenir un véritable allié dans notre quête personnelle, en nous aidant à transformer des idées en actions concrètes et à éveiller une fibre entrepreneuriale. Loin de nous remplacer, elle agit comme un amplificateur de nos capacités, nous accompagnant dans la mutation de nos idées en actions concrètes tout en nous rapprochant de notre essence et de nos aspirations profondes.

En parallèle à l'IA, d'autres technologies prennent place pour soutenir une décentralisation financière transparente et sécurisée, en contraste avec les institutions traditionnelles souvent dominées par des entités étatiques ou privées. Ces innovations rendent possible la création de systèmes où les transactions, les échanges, et même certaines décisions sociales échappent au contrôle d'une autorité centrale. Elles ouvrent la voie à des modèles de gouvernance plus démocratiques, où chaque participant peut jouer un rôle actif dans la prise de décisions. Cela reflète l'idée de systèmes émanant directement des individus, offrant à chacun la possibilité de contribuer pleinement au développement des structures qui régissent nos vies.

Cependant, pour que ces nouvelles dynamiques se concrétisent, il est essentiel de cultiver une culture d'innovation et d'autonomie. Cela implique d'encourager chacun à explorer ses talents, développer ses compétences et apporter une contribution significative à la société. Les systèmes éducatifs, les entreprises et les institutions gouvernementales ont un rôle clé à jouer pour soutenir l'individualité et valoriser la diversité des approches et des perspectives.

Mais attention, ces outils, aussi prometteurs soient-ils, doivent cette fois rester au service de l'humain, et non l'inverse. Ce livre a montré comment des systèmes, conçus à l'origine pour répondre aux besoins humains, ont pu dériver de leur vocation première, devenant finalement contraignants. À présent, nous avons l'opportunité de repartir sur des bases nouvelles, en veillant à garder le contrôle et à ancrer ces innovations dans des valeurs fondamentales telles que la dignité, la liberté et l'individualité. Utilisées avec discernement, ces avancées peuvent devenir des leviers puissants pour bâtir des environnements plus justes, où chacun peut s'épanouir pleinement selon ses propres termes.

Avant de conclure, j'aimerais vous inviter à envisager une vision plus large, celle d'une société d'abondance où les nouveaux systèmes que nous créons, enrichis par les nouvelles technologies, offrent aux individus plus de temps pour eux-mêmes. Plutôt que de les percevoir comme des menaces, imaginons ces outils comme des alliés capables de nous libérer des contraintes. Des tâches accomplies avec la même efficacité, mais en une fraction du temps. Et même au-delà, un système capable de s'autogérer, de produire nos besoins de manière optimisée et de se financer lui-même.

Cette nouvelle frontière pourrait permettre à chacun de se recentrer sur l'essentiel, davantage de temps pour l'esprit, la conscience et la quête d'une raison d'être.

Aujourd'hui, le temps nous échappe souvent pour ces réflexions profondes. Avec une liberté retrouvée, nous pourrions renouer avec nos aspirations personnelles, renforcer nos liens avec nos proches, savourer pleinement chaque instant et explorer plus intensément notre potentiel ainsi que la richesse du monde qui nous entoure.

Cette perspective finale nous invite à envisager l'avenir avec optimisme, en croyant en la capacité de chaque individu à façonner le monde qui l'entoure, non pas en tant que spectateur, mais en acteur engagé, tout en restant fidèle à lui-même.

Ce voyage, du système vers l'individu, nous ramène à l'essence même de l'humanité : la quête de sens, la recherche de liberté et la volonté de créer un environnement qui reflète notre identité la plus authentique.

Je pense qu'il est temps de revoir les systèmes qui nous gouvernent et nous définissent, pour les remodeler en structures réellement au service de l'être humain qu'ils devraient soutenir. Le véritable progrès réside dans la capacité de chaque individu à façonner des systèmes qui libèrent, plutôt qu'enferment, et à construire un avenir où l'humanité prime sur la structure.

C'est ainsi que nous pourrons véritablement avancer, en inversant le paradigme actuel de l'individu dans des systèmes par du système vers l'individu, et pourquoi pas, de l'individu vers de nouveaux systèmes.

Remerciements

Ce livre, avant tout, est né d'un besoin personnel. Celui de mettre des mots sur mes pensées et de les partager.

À mes proches, merci pour vos écoutes bienveillantes et ces discussions stimulantes qui, souvent, ont été des déclencheurs de nouvelles perspectives.

Dans ce voyage d'écriture, j'ai également croisé un compagnon inattendu. L'intelligence artificielle. Loin de se substituer à la créativité humaine, elle a été pour moi un miroir et un guide. Elle m'a aidé à structurer mes idées et à concrétiser ce projet. Grâce à elle, j'ai pu dépasser certains blocages et donner forme à ce livre, qui n'aurait peut-être pas vu le jour sans cet allié silencieux.

Enfin, merci à vous, lecteur, pour le temps précieux que vous avez consacré à ces pages. Si ces réflexions ont pu éveiller votre curiosité, nourrir votre quête personnelle ou même simplement vous accompagner dans un instant de pause, alors mon objectif est atteint. Je vous souhaite de trouver votre propre chemin, guidé par vos aspirations profondes.

Sommaire

Préambule 5
Vers une civilisation qui libère l'humain
Avant-Propos 11
Un regard intérieur pour éclairer le voyage

Partie 1 - *Démêler les influences pour renouer avec notre singularité*

Chapitre 1 17
De l'emprise à l'éveil : une réappropriation de nos créations
Chapitre 2 32
Le temps en tension : Émotions et raison face aux cadres imposés
Chapitre 3 46
Le bonheur sous influence : Repenser nos ambitions face aux normes
Chapitre 4 55
L'amour sous contrôle : Comment les systèmes façonnent nos relations
Chapitre 5 68
L'apparence sous pression : Réappropriation des corps objets

Partie 2 - *Des contraintes vers l'audace de réinventer notre réalité*

Chapitre 6 81
Entreprendre sa liberté : S'élever au-delà des structures établies
Chapitre 7 97
L'entrepreneuriat transformatif : De soi à l'impact collectif
Chapitre 8 106
Renversement conceptuel : De l'individu vers de nouveaux systèmes

Remerciements 115